改訂版

想定外の世を最高に幸せに
生き抜くカギは「地頭力」!

AIを超える グローバル 子育て術

スカーレット 著

JN075794

セルバ出版

はじめに

目まぐるしく変化する世の中だからこそ、地頭力を考える！

ここ数年、第四次産業革命とも言われ、ＡＩ（人工知能）技術が加速的に進歩してきました。ディープラーニング技術、ブロックチェーン、ロボット工学、量子コンピュータ、など新しい技術革新がてんこ盛りです。

私たちの住む環境も、大規模な台風やその数、竜巻、集中豪雨に地震災害などで「想定外」という言葉のオンパレードです。ネット環境とスマホの発達で誰もが世界とつながり、あらゆる情報で溢れています。

そんな中、あまり変わっていないのが、教育です。大学入試がほとんど変わっていないので仕方ないのでしょうが、企業の経営者たちはこの変化の目まぐるしい状況の中を『力強く引っ張って行く人材』を求めています。想定外にぶち当たってもめげずに解決していく問題解決力を持ち備えた人材を探しています。

この想定外に立ち向かっていけるのが脳の力（脳力）とも言える地頭力なのです。

コンサルタント業界や人材派遣業界ではよく使われる「地頭力」という言葉ですが、想定外のことが頻繁に起こる現在の今だからこそ必要な鍛えるべき脳力です。

30数年以上アメリカの教育現場で優秀児を育てていて、どんな世の中にいても自分の人生を悔いなく、夢を実現しながら、生き生きと生きている子どもたちが大人へと成長していく過程を目の当たりにして、ある共通項があることを確信したのです。どの子も「考える力」の能力が素晴らしく高いということなのです。「問題解決力」などとも言いますが、その「思考脳」の能力を最大限に発揮するベースとなる「地頭力」というものが存在し、それを鍛えることができるという事実をお伝えするのが本書の目的なのです。

私は小さいときから日本の教育に違和感を覚えていました。偏差値重視の受験勉強。学年が上がるごとに受験テストの準備のための授業に宿題が毎日出され、クラブ活動の後に夜遅くまで塾での勉強を課されました。

自分で「これは意味がない」と一旦考え始めると、その勉強は頭に入らなくなります。幼い頃に「自分はバカなのでは？」と悩んだこともありました。その後、暗記重視のような日本の教育法ではない教育が海外にあることを知り、中学生の頃から海外留学を考えるようになったのでした。それと同時に、「頭のよい人」とはどういうことかという疑問にぶち当たり、独学で研究するようになったのです。

「天才」「秀才」と言われる人たちが、どんな育てられ方やどういう脳の使い方をしていたかを探っていくと、地頭力を鍛えているという結論が出ました。

「地頭力」とは「本質的な頭のよさ」や「自ら考える力」のことです。地頭がよいということは、ある問題の本質を見抜く力があったり、物事を抽象度高くとらえられる力があったり、知識や自分の経験を使いこなしたりして、複雑なものを相手に簡素に伝えることができる脳力です。

今までのような、与えられたミッションを素早く正確にこなして処理できるような「頭のいい人」は、ＡＩ技術に取って代わられる時代がもう来ているのです。これからの子どもたちの多くが私たちの現在経験したことのない職業に就くと言われています。思考脳の素の力となる地頭力をしっかりとつくり鍛えることが、人生を思い通りにハッピーに生きる鍵となるでしょう。

本書は子育て本ではありますが、大人でも地頭力とは何かを知り、その鍛え方を実践できることは言うまでもありません。脳は人間の司令塔でもありますので、その仕組みを知り、マインドの使い方や鍛え方を知るのに遅いことはありません。

人生１５０年時代も遠い夢物語でなくなった現在、本書を手にしたほとんどの方々が折り返し地点にも立てていないことでしょう。

自らの胎教からの子育てと、延べ約1万人以上の生徒たちの成長に関わってきた経験を元に、すべての子どもは限りない可能性を秘めていて、地頭力を強化できることを確信しています。地頭力が鍛えられている子どもは自ら勝手に学びはじめます。自分がやりたいことを自由にできる時間とお金を稼ぐことができます。

まさに、ＡＩ時代を生き抜く「天才」はつくることができるのです。

※なお本文中、ＡＩと人工知能は同義語なので、一部を除きＡＩに表記を統一しています。

スカーレット

２０２２年６月

改訂版／想定外の世を最高に幸せに生き抜くカギは「地頭力」！　ＡＩを超えるグローバル子育て術　目次

第3章 「生きる力」に欠かせない地頭力の鍛え方

第4章 地頭が強化された子どもたちは、何がどう違うのか？

第5章 地頭を鍛えることで、人生を100倍楽しむ

第1章

ＡＩに取って代わられるグローバルな世界

1　ＡＩ時代に向けて、今後大きく変わる教育要綱！

ＡＩ時代に突入したと言われてから、もう数年が経ちました。身近な生活の中でもそれを感じることが多々あります。こういう時代だからこそ、現代の人類に必要な能力、あえて言うなら「脳力」とはなんだろうと問いかけずにはいられません。

読者の皆さんも「このままではよくない」と気づいているのではないでしょうか？

現在は第四次産業革命の真っ只中！

我々人類は社会構造の変化によって生き方や働き方を変えてきました。産業革命が大きな例です。18世紀から19世紀にかけてヨーロッパとアメリカで農耕地方社会の工業化で第一次産業革命が起こりました。

１８７０年から１９１４年の第一次世界大戦直前までは、鉄・石油・電気が関わる大量生産時代の第二次産業革命でした。第三次産業革命はコンピュータの普及でアナログな社会からデジタル化した社会構造が１９８０年代から現在まで続いています。

これらの産業革命によって次々と生活様式や仕事の種類、社会構造などが変化していきました。

第四次産業革命は第三次産業革命をはるかに上回る多岐に渡る分野での技術革新です。例えば、ロボット工学、ＡＩ、ブロックチェーン、ナノテクノロジー、バイオテクノロジー、量子コンピュータ、拡張現実、複合現実、ＩＯＴ等々数えてもきりがありません。

第四次産業革命は物づくりの革新でもあります。モノのインターネット化と呼ばれるＩＯＴによって、世の中の産業構造が変わることを指します。ＡＩによるデーター収集や解析技術が進み、人間からの指示がなくても機械が自ら動く『自律化』を目指す試みです。

これらの技術革新は世界中の社会や個人の生活のあり方をも変えます。

新しい時代に必要な人材を育てる新しい教育

この第四次産業革命での技術変革で、今までと大きく変わるのはＡＩとディープラーニング技術です。数学の式で表せたり、マニュアル化できるほとんどの仕事は新しい技術に駆逐されてしまいます。これまでの教師から知識や概念を一方的に教わる授業スタイルではもうとっくに対応できず、時代遅れになってきています。

ＡＩやディープラーニング（深層学習）技術の発達で、人間にしかできないＡＩ時代を生き抜く、新しい教育の内容が求められる時代になりました。ＡＩ技術の発達でどんどん既存の多くの職業がＡＩに奪われるからです。

イギリスのオックスフォード大学のマイケル・Ａ・オズボーン准教授らは『この先近い将来、今ある職業の約半分が消滅する』というレポートを発表しました。その結果、今後はこれまで世の中にはなかった新たな職業も生まれます。これからは新しい時代のニーズにあったアクティブで、自ら考える力があり問題解決力を持った地頭力をつける教育にシフトしていかなければいけません。

それを受けて、戦後最大とも言われる教育改革の学習指導要領改訂が行われました。２０２０年より小学生から順に全面実施され、２０２１年は中学生、２０２２年から高校生が年次実施という改訂スケジュールです。

今回の一番の改革ポイントは、『生きる力』を益々意識し、予測不能な激動の社会を自ら考え、問題解決力を持った思考脳を育てるということです。具体的には小学校でプログラミングが導入されます。

お受験英語から使える英語へ

英語教育では『読む』『書く』『聞く』『話す』など４つの分野での総合的な英語力をつけるカリキュラムに変わります。グローバル化し、インターネットでたくさんの情報につながれる今、英語は必須です。今までのガラパゴス化した受験英語のカリキュラムでは使える言語にならないからです。

「日本人は英語を使う必要などない」といまだ言い張る人がいますが、そんなことは時代遅れの話です。英語が理解できて使えると、情報リテラシーが格段と上がり、コミュニケーション力も強化されるのです。

ＡＩ時代だからこそ人間しかできない脳力を育てる

ＡＩ時代は今までの人がやっていた多くの仕事を奪うと予測され、教育が人間にしかできない能力を育てることへとシフトしていきます。

予測不可能な時代に直面しても前向きにチャレンジしていける思考脳や判断力に、コミュニケーション力を育てる内容への変化が盛り込まれています。学んだ内容を人生や社会に生かす人間性を育てるという項目も含まれています。

新しい指導要領で育む資質・脳力は「知識及び技能」「思考力・判断力・表現力など」「学びに向かう力、人間性」などです。積極的に自ら学ぶアクティブラーニングで、「生きる力」を強化する内容です。

2　親の常識、もう非常識！

産業革命のたびに、大きく社会は企業で働く人材への要求を変えてきた

新しい技術革新やエネルギーシフトで、今まで花形とされた職業がなくなったことは何度もあります。例えば、以前は電話交換手やタイプライターでタイプをするタイピストという職業が存在しました。しかし、あっという間にその職業はなくなり、存在したことを知る人はほどんどいません。

デパートにはエレベーターガールと言われる職種があり、ＪＲでは自動改札機の導入以前、切符を切る職員がたくさん必要でした。

日本では未だに就職人気ランキングで、大手企業の銀行、金融、商社、航空、旅行、などの人気は根強く数十年変わっていません。インターネット関連企業も人気ですが、日本

の30年以上続くデフレのせいで、安定していると思われる大企業や公務員が人気なのです。

しかし、大企業といえども、誰もが予想しなかった、まさに想定外の出来事と言われる２０２０年に起きた新型コロナウイルスのパンデミックにより、就職人気トップ常連の航空会社や旅行業界が存続の危機に直面しているのです。

時代の変化が加速する中、自然災害や経済などの影響もグローバル化し、私たちの人生に直撃する世の中になりました。

ＡＩとディープラーニング技術で世界はがらりと変わる

インターネットの普及、３Ｇから４Ｇへの普及でスマホの時代になり、今や５Ｇまでやって来て、社会や個人の生活習慣もかなりのスピードで変化しました。６Ｇの時代もそこまでやって来ています。

そして、ここへ来てＡＩ、ディープラーニング技術の発達であらゆる分野の世界が変わろうとしています。

アメリカでは「２０１１年にアメリカの小学校に入学した子どもたちの多くは、大学卒業時に彼らが小学校時代には存在していなかった職業に就くだろう」と言われているのです。

もう親の時代の常識とされていた職業選択、大学選びは、もう役に立たないのです。

大学へ行かなければ学べないという常識すら非常識になりつつあるのです。

そしてテクノロジー技術の発展は加速度を増しています。じわじわとではなく、数学でいう指数関数的に変化は進んでいます。テクノロジー技術だけでなく、グローバル化で世の中の社会情勢や環境も一瞬で変わることがあるのです。

2020年はまさにこのような事態になった年でした。長年、就職人気トップランキングの常連だった航空業界や旅行業界が壊滅的な被害にあいました。誰が世界の動きが9割減になることを予想できたでしょうか?

この変化のスピードに対応し、次の世代の産業革命すら誕生させることのできる子どもたちを育てるには、抜本的な見直しが必要です。

世界中から素早く情報をとれる時代

インターネットの情報検索技術が発達し、誰でも世界中からあらゆる情報を素早く入手できる時代になりました。スマホに何でも記録し、必要なときにだけ活用する生活が日常です。知らない所へ出かけるときにはナビが音声で道案内をしてくれます。

『話を聞かない男、地図が読めない女~男脳・女脳が『謎』を解く』というタイトルの本がかつて書店に並びました。タイトルにある地図を読み解きながら場所を探すという行為も、もう滅多に見られなくなり、時代遅れの風景となりました。

昭和の時代は知人の電話番号・住所・誕生日やイベントの日時や場所など日常生活で記憶することは当たり前でした。今やスマホにほとんど覚えてもらっています。

大学生など論文やエッセイを書くときに検索エンジンを使い倒し、コピペでさも自分が書いたように見せ、提出する『コピペ族』なる者も出現しています。

かつてテレビの普及が急速に進む中、ジャーナリストであり作家の大宅壮一氏が『一億総白痴化』という言葉を生み出しました。60年以上も前のことです。

そして現在では世界がインターネットの使い方を間違えると、『世界の総白痴化』になりかねません。単なる記憶力に関してですら、現代人はますます頭を使わなくてもすむ世界になってしまっているからです。

テクノロジーに自分の脳でもできることを依存してしまっているのです。そして、情報への過度の依存は思考停止をしてしまう可能性があるということです。

次世代の子どもたちが必要な脳の力とは

これから本当に必要になってくる脳力とは、膨大な情報を選別し付加価値を付けていくという創造的な【考える力】です。この領域はインターネットやコンピュータが不可能なエリアなのです。この考える力のベースとなる知的能力が地頭力なのです。

次世代の子どもたちは「情報を使いこなす力」「理論的な思考力」「問題解決力」など、まさに地頭力を鍛えて培われる能力を必要とされるのです。この3つの主な能力は次世代の「生きる力」の地頭力を鍛える土台づくりとなる力です。

子どもたちだけでなく、親自身もこれから身に付けていかないといけない能力です。親自身の経験した基準で子どもの教育を考えるのではなく、親自身の常識を捨て、親子一緒に地頭力を鍛えていくことが必要でしょう。

3　一斉授業から、個別指導へ

皆さんが思い描く授業風景とは

さて、ここで読者の皆さん、「ある授業風景」を思い出してみてください。

黒板やホワイトボード、その前に立つ教師、それを見つめる生徒たちや黒板を見上げながら一生懸命ノートをとる生徒などではないでしょうか？　机に伏せて寝ている生徒に、窓の外を眺めて考えにふける生徒などもいるかもしれません。

しかし、これからの授業風景はこのままでよいのでしょうか？

これからの学習指導スタイルは一斉授業から個別指導へと変わるべきですし、変わらないといけないと私は考えます。今までのような教師から一方的に知識やコンセプトを教わるのではなく、自分自ら学ぶスタイルに変えることが、これから必要とされる思考脳をつくることになるのです。

一斉授業では、そのクラスの平均レベルに合わせて授業を組み立てます。そこにカリキュラムに沿って新しい内容を説明します。この授業スタイルで一番恩恵を受けるのは、そのクラスで平均値の子どもたちです。その授業以前の知識や能力がまだ追いついてない子どもたちは置いてきぼりです。逆に、よくできる子にとっては、授業がつまらなくて時間の無駄だと感じるでしょう。

今やデジタル世代の子どもたちは幼い頃からゲームやスマホをいじり、誰に教わるわけでもなく使いこなしています。新しい単元や導入箇所でも、もはや何でも動画で学べる時代です。教師からの一方通行的な一斉授業で、はたしてどれだけの生徒が真剣に耳を傾けているのでしょうか？

一方通行授業スタイルでは誰もついて行かない

私自身、小学生をやったのはずいぶん昔のことですが、つまらない学校の授業では窓の外を眺めたり、机に漫画をひたすら描いていました。妄想遊びもよく授業中やったものでした。読者の皆さまも少なからず、このような経験はあるのではないでしょうか。

しかし、通っていた塾ではわりと少人数で個別能力に合わせた授業だったので、面白くもあるし妄想する余地はありませんでした。ましてや何でも自分で知ろうとすることに長けているデジタル世代では一方通行の授業スタイルでは誰もついてきません。

テレビのような一方通行の電波に子守をしてもらっていた世代とは違い、自分で好きなゲームや動画などを探してやりたいときにできる環境で育った世代には本質的に今までの授業スタイルでは合わないのです。

新しい未来の授業スタイルはカリキュラムに則り、生徒たち自身が課題を考え、そのテーマについて少数グループで意見交換しながら、理解を深めていける授業なのではないでしょうか。

1つのテーマを元にすべての教科につながるような授業展開につなげていく授業のつくり方もあります。すでに北欧諸国の学校やアメリカの私立学校でも、このような取り組みをしている学校も多々あります。

教師はそのテーマのファシリテーターとして、課題へのゴールへと導く役目をするのです。このやり方だとグループ学習の効果が最大限に活かされます。

個別でやるべき基礎づくりの部分は個別でしっかりと土台をつくりながら、同時に思考やコミュニケーション力を高めるグループ学習をやることが必須だと考えます。

国語の読解力と数学力は車の両輪

すべての教科の理解に通じる国語の読解力と論理的思考を育てる数学は前輪駆動の車の両輪のようなものです。どちらが欠けても前へは進みません。数学を重要な教科だと認識している人はたくさんいると思いますが、国語力の大切さを認識されている人たちは果たしてどれくらいいるでしょうか？

数学の指導をしているときに、親御さんから「うちの子は文章題が弱くて。それもちゃんと教えてくれるでしょうか?」という質問をよく耳にします。そういう質問に私はこう質問しなおします。「お子様はどれくらい本を読まれていますか?」「本を読むことが好きですか?」と聞きます。ほぼ全員の答えがNOです。

算数の文章題が不得意な子どもたちの共通点は読解力の不足なのです。文章を理解し、頭の中でしっかりとイメージをして、数字と結びつけることができないのです。逆に本をしっかりと読めて楽しんでいる子どもたちにとっては、文章を読んでイメージ化するのは容易いことなのです。

国語も数学も人生への『生きる力』を持つ脳力を育てる教科です。

高等教育でぐんと伸びる土台づくりの教科

この2つの分野は個別指導又は個別学習で効率よく、しっかりとした基礎をつくることができるのです。高く上へ伸びてゆく学力の土台に抜けているところや弱い所があっては、伸びていけないどころか、支えることすらできないのです。

中学生や高校生で数学の授業について行けなくてラーニングセンターに駆け込んでくる子どもたちがいます。みな共通していることは基礎が抜けていて弱いのです。因数分解ができない子どもは分数ができません。方程式を理解できない子は割り算を忘れています。手編みを自分でやる方はよく理解できると思いますが、１つの目を落として編み続けていても、はじめは気づきません。しかし完成して実際に着てみると、はじめは小さな穴だったのが大きな穴へと拡大してしまいます。基礎の弱さや抜けている箇所は、小学生のうちには気づきにくいのです。

テクノロジー技術の発達で個別学習はやりやすく、ハイブリッド学習へ

幸いテクノロジー技術の発達で、個人学習はとてもやりやすくなりました。今までの授業スタイルでも自分にわかりやすい講師を個別にオンライン動画などで選んで学習できます。時間と場所の制約もなくなり、何時でも何処でも何度でも学習することができるようになったのです。

思考脳を発達させるための学習スタイルも現代社会では大切になってきます。チームを組んである課題に対して意見をまとめたり、ある問題について2つに分かれて意見を戦わせるディベートなど、相互関係が必要な学習です。これらのスタイルはコミュニケーション力を高めるためにも大切です。

今後はこれらを組み合わせたハイブリッドな学習法が主流になるでしょう。

4　個性尊重の教育

半数以上が現在存在しない職業に就く時代

ＡＩ時代、つまり人工知能がディィープラーニング技術でどんどん既存の画一的な仕事を人間から奪うことになりつつあります。このスピードは以前の産業革命のときとは比べものにならないくらいの早さでやって来ています。

アメリカのデューク大学（当時）のキャシー・デビッドソン教授の研究によると、「２０１１年秋に小学生になった子どもたちの多くは将来、現在はない職業に就くだろう」と予測しています。

ＩＴ化の進化で働き方自体が多様になります。会社を立ち上げても物理的に人材をそれぞれに雇う必要はなく、世界のマーケットの中から得意分野の人材をプロジェクトごとに集結することができます。世界を視野に入れれば、24時間フルに働き手を活用できるのです。

例えば、アメリカ東海岸時間とインドだと約11時間（冬時間と夏時間で1時間違う）違います。ずいぶん以前から顧客のクレーム対応や問い合わせなど24時間体制の企業はインドや東南アジアの英語圏の人々を使っています。

ましてや現在は５Ｇの発達で動画などでも時差はなく、遠隔操作など今まではできなかったこともアイデアしだいで地域や時間に関係なく、プロジェクトを進めていけるのです。

働き方やどこでどのように仕事をするかまでも、常識を超える世界が待っているのです。

ＡＩができない、人間にしかできないことを得意とする人材が多数必要になる時代

ＡＩが得意とする分野はＡＩに任せて、ＡＩを操り、上手く使える頭脳を持った人間が必要とされる時代なのです。

ＡＩを支えるディープラーニング技術にはまだまだ盲点や弱点があります。特に意思決定や問題解決力の点ではまだまだできることは少ないと言えます。人間が直面するあらゆる繊細な問題を解決する分野ではＡＩは人間には及ばないのです。

ＡＩにはできない、人間にしかできない人材がたくさん必要になってきます。

参加型で個性尊重のアメリカ教育

アメリカに長く住んでいると、日本の教育とアメリカの教育の違いを肌で感じます。簡単に言うと、アメリカ型は参加型で個性尊重を重んじる傾向があります。日本の成績は学習の習熟度を測るうえで、テストの成績がほぼすべてです。しかも知識をいかに記憶して問題に正解を書くスタイルが、ほとんどではないでしょうか？

一方アメリカでは日本と大きく違います。単純に中間や期末のテストがよければ好成績をもらえるわけではありません。学校の成績は出席率、授業中の発言率、宿題の提出期限厳守に提出物の内容、テストの総合で評価されます。

授業の参加態度や宿題の提出率と期日を守ることのほうが、テストよりも成績への比重が高いのです。

日本は画一的で受け身型です。テストの成績が全体の成績に直結です。アメリカではテストより宿題のほうが成績を決める割合が高い場合も多いのです。

アメリカの大学は日本とは違って研究機関としての位置づけが高いのです。その最高学歴の学問の学びで役に立つスキルを小学生のときから意識しているシステムだと考えます。

自己肯定感と経済

世界の先進国の中でも極めて自己肯定感の低いのが日本の子どもたちです。それでも戦前の日本の子どもたちの自己肯定感はそれほど低くはありませんでした。戦後の近代工業化時代にあった画一的な労働者を多く生み出す教育が大きく影響しています。

それでも日本が高度成長期の時期は一億総中流社会と言われ、日本的な教育は平均値が世界と比べても、とても高く評価される時代もありました。１９８０年代は日本人の自己肯定感が一番高かった人が多かった時期だったのではないでしょうか。

ジャパンアズナンバーワンと言われ、ニューヨークのアメリカのシンボルであるビルを次々と買い占めていきました。その頃、私は世界一の銀行だった日本の銀行や商社で働いていました。日本語を勉強したがるビジネスマンや学生がとても多かったです。

ハーバード大学をはじめ数々の大学のＭＢＡでは、日本式の経営方法などを研究するところばかりでした。自動車産業も日本が最高の売上を出して、トヨタの『改善』方式の工場のシステムはどこでも研究され、ビジネススクールで『カイゼン』はもはや英語になっています。

日本経済が上向きの頃は、夢や希望がもて自己肯定感がどんどん高まっていました。

デフレと自己肯定感

しかし、失われた30年と言われ、デフレが長く続いて抜け出せないでいる現在の日本社会です。初任給もここ20年は横ばいです。海外ではアメリカをはじめ発展途上国でも初任給はどんどん上がっています。

以前東南アジアで日本は留学先として人気がありました。しかし、この長く続くデフレの影響で初任給も上がらず、大学卒業後を考えるとこの留学生の不人気も理解できます。

この不景気と昔の画一的な教育が、自己肯定感の低い子どもたちを生みだしたのです。

『ダイバーシティ』と『生きる力』

世界の社会や教育現場では随分以前から多様性が重要視されてきました。現在のＩＴ社会を生み出したアメリカの大学は常にダイバーシティ（多様性）を意識して生徒を選んでいます。日本のように偏差値重視で大学のランクが決められペーパーテストの結果で選別するのではないのです。

超難関校と言われる大学ほどダイバーシティを重視します。人種だけでなく、違った文化や環境で育った生徒たちを全米や世界から集めてきます。育った環境が違えば違うほど色んなアイデアが生まれるのは容易に想像つくでしょう。

たとえ貧しくても基準を満たしていれば、入学を許可され学費は親の収入に応じて奨学金がもらえます。この奨学金は返さなくてよい本物の奨学金です。

アメリカの大学は、いわゆる研究機関です。そのためアメリカの大学教授は研究資金を民間から引っ張ってこないといけません。研究室での研究課題やあらゆる角度の論文を生み出す可能性を企業や団体などにアピールしないといけないのです。

だからこそ違った文化や環境で育った生徒を集めることで、色んなアイデアを生み出せる環境であることを示すことができます。多様性は大学の利益につながるのです。

これからの時代を生き抜く『生きる力』を持った子どもに育てるには個性尊重の教育で、違いを認め合い個性豊かに育てることが必須です。多様性が大切にされる社会では、自己肯定感の高い子どもに育ちます。

高い自己肯定感を持つ子どもが多い社会にすることがとても重要なのです。

自己肯定感の高い子どもの多い社会

自己肯定感の高い子どもたちの多い社会はどんな未来が描けるでしょうか？

自分を愛しているので満足度が高く、心が安定していて余裕があります。そういう子どもたちは自分以外の人々を愛することができます。他人のためになる行動をとり、自分もまた他人の喜ぶ顔を見て幸せになります。たとえ現状が悪くても努力して、未来に希望をもって生きることができると思います。

さて、日本の場合はどうでしょう。内閣府は２０１９年版「子ども・若者白書」で日本の若者の自己肯定感は諸外国の若者に比べて低く、欧米６か国（アメリカ、イギリス、ドイツ、フランス、スウェーデン、韓国）との比較でも最も低かったのです。２０１３年度の調査よりもさらに低下していました。

人口も経済も右肩下がりのグラフのように、自己肯定感の数値も比例してドンドン下がっています。このままでは人口減少にも歯止めがかからず日本消滅の危機です。

社会や教育現場が個人の多様性を認め「みんな違っていいんだよ」という世の中が自己肯定感を育む社会をつくります。『地頭力』の高い子どもたちは、もちろん自己肯定感は高く『生きる力』がとても強いのです。

このような子どもたちは社会に光輝く希望と未来をもたらしてくれます。

そして、国の経済をも活性化する原動力になるのです。

第2章　大事なのは、地頭を強くすること！

1　すべての学問の土台になる地頭強化【地頭とは何か？】

『考える力』と『地頭』

さて、地頭とは何なのか？　普通の人がイメージする『地頭』とは生まれつきの頭のよさかもしれません。ある心理学者は『素の頭』と表現しています。

『地頭』という言葉は、コンサルティング業界や人事採用の世界では比較的日常的に使われている言葉です。想定外のマニュアルにないことがよく発生する現実社会では、地頭力のある人材が欲しいとも言われます。

この場合の『地頭力』は「問題解決力を持った人材」という意味で使われます。

私は、日々行っているコンサルティングやカウンセリングなどで「徹底的に考える」ことをクライアントとともに実践しています。その中で『考える力』に必要な土台となる思考回路たるものがわかってきました。たくさんの優秀児を育ててきて、その子たちに共通して持つ高い思考の『考える力』がその土台となる『地頭力』なのです。

本書での『地頭力』の定義は想定外の問題が起こったり、未知の領域での問題などを解決していく能力のこととします。

地頭とは人間だけが本来持つ、考える頭のことではないでしょうか？

脳は人間の司令塔

脳の根本的な脳力は人間そのものをコントロールする司令塔です。その中でも人間しか発達してない『考える力』を持つ頭、言い換えると脳のことなのです。

「人間は考える葦である」は哲学者・物理学者でもあるパスカルの有名な言葉です。人間の一番人間らしい能力はまさに『考える』ということです。

人間の脳は人類の進化に合わせて、どんどん脳を進化させてきました。一説によれば、お母さんのおなかの中に新しい命として誕生した瞬間から細胞分裂を繰り返し、脳も【魚類】・【爬虫類】・【哺乳類】と進化し続け、人間の脳としてこの世に生まれてくるようです。

脳は大きな１つの塊ではなく、異なった働きを持ついくつかの領域に分かれています。大きく分けると大脳・小脳・脳幹と呼ばれる部分から成り立っています。

この中で人間を人間らしくしているのは大脳です。大脳は進化の過程で生まれてきた新しい脳です。

最も人間らしい脳は『前頭前野』

大脳の中でも最も人間らしい脳はちょうどおでこの内側にある前頭前野という思考を司る脳です。

前頭前野には、①思考する、②行動を抑制する、③コミュニケーションをする、④意思決定をする、⑤情動の制御をする、⑥記憶のコントロールをする、などの働きがあります。

地頭の強化された人は、これらの前頭前野の働きが強化されていますので、6つの脳力が最大限に発揮されるのです。

思考するという行動は脳のあらゆるところに収められている情報を使って統合し、前頭前野が「考えよ」と言う司令を出さないと思考はできません。

行動を抑制するという行動は、人間が人間らしくある行動の1つです。人間にはしてはいけない行動があります。それを制御しているのが前頭前野です。

酒癖が悪く、つい暴力的になる人はアルコールで前頭前野の制御が利かなくなっているのです。キレやすい子どもは前頭前野の機能が弱く、前頭前野の発達が未熟だといえるのです。

前頭前野はコミュニケーションの大半の部分に関わっています。言葉は前頭前野を用いてつくり出されます。相手の言葉の理解や表情・身振り手振りなどを分析して、気持ちや感情を読み取ることもします。

意思決定を司るのも前頭前野です。興味深いことに、物事を決めることだけでなく、物事をやろうとする意欲や何かをしなければならないという気持ちを持たせるのも前頭前野です。

自分の感情をコントロールする力を持つのも前頭前野の役割です。喜びを感じたり、怒りを抑制したり、好き嫌いの気持ちもここが関与します。

記憶をコントロールし、その中心となるのが前頭前野です。『覚えるんだ』という命令がここから出されないと記憶もできないし、利用もできません。

地頭強化でできること

地頭強化によって、問題の解決糸口を瞬時に見抜いたり、そのために欲しいと思う情報を集中して効率よくとることができ、自分とは違った意見の人に対して自分の考えを論理立てて説明し納得を得ることができます。

難しい問題に直面しても多面的に思考でき、あらゆる知識を使いこなし解決する能力が高くなります。相手の気持ちを読み取る能力が高く、物怖じせず、コミュニケーション力を活かして、たくさんの仲間をつくることもできます。

また、地頭力を鍛えることは、圧倒的に物事を効率よく進めることにも役立ちます。地頭力の中に結論から考えていく仮説思考力というのがあります。「結論から」考えることによって、そこへたどり着くまでの最も効率的な方法へとたどり着くことができます。

問題を「全体的に」見て考えることも地頭力の1つです。全体像を共有しながら議論をすることで、コミュニケーションにおいての誤解や後戻りが少なくなり、大きな効率化を図ることができます。

最後に「抽象化思考」が地頭力の強化でできるようになります。抽象度をどんどん上げて物事を考えることで問題を単純化することができ、応用力を広げることができるようになります。そして限られた知識を様々な範囲に応用でき、新しいアイデアや効率化を図ることができます。

トップ経営者は地頭力が高い

世の中の成功している経営者やトップマネジメントと呼ばれる人たちは、地頭力が高い人が多いです。なぜかと言うと、日々「結論から」「全体的に」「単純に」と考えているからです。

まず「全体的に」はわかりやすいと思います。経営とは会社の目的である利益追求と存続のために、常に全体思考をしなければならないからです。クルーズ船で言うと、お客様を満足させ、航海を安全に遂行させる総司令官である船長だからです。

次に経営者は本当に忙しく時間がない上に、その中で最高の結果をいつも求められます。圧倒的な生産性の追求です。

こういう効率性という観念から「結論から」という思考は合理的で理にかなっています。会議の席で分析の経過を長々と説明されても切れる経営者は必ず「それで結論は？」となります。「単純に」はシンプルにということで単純で明快なプレゼンや思考を日常的に行っているのです。

想定外の世の中に対応できる唯一の『地頭力の強化』

インターネットやＡＩ技術が進み、便利な世の中で生きている現代人はかなりこれらの技術に依存しすぎて、昔ほど「考える脳」を使っていません。膨大な情報の海の中、情報リテラシーを身に付けてない人たちはあっという間に新技術に飲み込まれてしまいます。

地頭力の強化は想定外のことがいつ起こるのかがわからない現代社会において、経営者だけでなく誰もが鍛えるべき脳力なのです。

2 「言われたこと」を効率よくこなすことではなく、問題解決力のある脳力

産業革命の変化は大量生産のための機械化から機械の『自律化』へ

1700年代後半から1800年代前半イギリスで起こった第一次産業革命は蒸気が馬力に変わり、人手で行っていた作業も蒸気機関を動力として機械化し、作業効率を大幅に向上させせました。

1800年代後半の第二次産業革命の中心はアメリカとドイツでした。電力を用いて工場での大量生産が可能になり、科学技術の革新も進み、人類の生活を大きく変えました。

1900年代後半の第三次産業革命はコンピュータを用いて機械の自動化ができるようになります。

最近の第四次産業革命では、ＡＩによるデータ収集や解析技術が進み機械が自ら動く『自律化』が始まりました。

マスの時代から個人へと変化を遂げる社会のニーズ

これらの産業革命ごとに社会のニーズは少しずつ変化してきました。第二次世界大戦後、世界は人生の豊かさを求め、たくさんの物を発明し購買力を高めていきました。世界は大量生産、大量消費の時代に突入し、効率化を重視されていきます。

戦後の日本教育にもそれは反映され、効率よく、増え続ける子どもたちの平均をいち早く世界水準以上に持っていくことに重点が置かれました。企業のよき労働者になるような暗記中心の教育へと移行しました。

戦後日本はたくさんの人や物を失った後、国力を強めるため経済発展を掲げて、団塊の世代を中心に右肩上がりの高度成長を遂げます。高度成長期の頂点に達する頃には、日本の子どもたちの学力の平均は常に世界の先進国の中でもトップグループでした。世の中の人々が欲しい物がまだあったモノの時代は、平均値を上げる横並びの教育システムでも機能していました。

しかし、ほとんどの家庭に物が行きわたり物質欲が満たされると、物づくりで経済を支えた時代は工場自体が発展途上国に移り、終わりを迎えました。情報の時代と言われる第四次産業革命では社会に求められる人材も大変革が必要です。

なのに、日本の教育は高度成長の時期からほぼ変化していません。大学目指して受験塾へ通い、年に一度の入試を受け、新卒でほとんどの学生が狭き門の大企業目指して就活をしています。デフレのせいでガラパゴス化した日本では、一億総中流社会の終焉なのに教育は取り残されています。

同じ単元でも、受験を意識した内容と実用性を重視した内容で記憶の残り方が違う

私は団塊の世代の後ですが、偏差値重視の受験のための勉強ばかりさせられた世代です。興味も湧かない授業や勉強が主でした。国語は好きでしたが、後は受験に関係のない音楽や美術が大好きでした。

アメリカの大学で数学の微積分のクラスをとったとき、教科書の内容や教授の授業の進め方がものすごく生活に密着していて、とても興味深く今でも記憶に残っています。高校で微積分を習ったとき、こんなものがどうして必要なのか理解に苦しみました。読者の方

でも同じように感じた方も多いのではないでしょうか？

アメリカの大学の微積分の教科書の問題で、とても印象深い問題がありました。その問題はガスタンクの球体のペンキがはがれている所の面積を求めてペンキの量を計算するという問題でした。他にも幾つか面白い問題がありましたが、日本での高校の教科書の問題は何も覚えていません。

日本の大学受験で習った内容とあまり変わらなかったのですが、教え方や動機づけの違いでこんなにも脳への刺激と残り方が違うのかと考えさせられました。

『ゆとり教育』果たして、成功か失敗か？

その後、行き過ぎた偏差値重視の詰め込み教育の反省と、少子化傾向もあり『ゆとり教育』がはじまりました。その当時『ゆとり教育』ということで、アメリカのような考え方を学ぶカリキュラムも導入されるのではないかと期待を持ちました。

しかし、小学校低学年では理科と社会が１つになり、３年生では2年生で習った内容とすべてほぼ同じで、全学年で教科書が薄くなっただけでした。

結果、学力は落ちるばかりでした。ただ内容をやさしくし薄くしただけのように思えてなりません。その後また、世界と比較しての小中学生の平均値のレベル低下で『ゆとり教育』は廃止されました。

日本は右肩上がりのバブル時代、バブルがはじけたリーマンショックなどを経て、デフレスパイラル・少子化へと突入しました。インターネット社会に入りパソコン・スマホが生活の一部となり働き方や生活の価値観など目まぐるしい速さで変化しています。

このように社会の目まぐるしい変化にともない、企業のあり方、求められる人材も日々変化しています。1章でも述べたようにＡＩ時代に入り与えられた仕事をこなすだけの人材はもうＡＩに取って代わられるのです。

人間しかできない、または「人間脳」すなわち「前頭前野」が得意とする問題解決力を持った人材が必要とされるのです。

地頭力とはこの問題解決力の土台となる脳力です。この力は人間だれもが元々持っているものです。ただ環境や教育によって鍛えられるものなのです。

「地頭力を鍛える」ということは、ダイヤモンドの原石を磨いて輝きを出すようなものなのです。どんな原石でも丹念に磨けば必ず光り輝くようになるのです。磨き方によって、だれもがダイヤモンドになりえるのです。

3 「コミュニケーション脳力」の必要性

時代の変化に一番遅れているのは日本の教育

80年代前半にアメリカへ渡った私は、アメリカ発のコンピュータやインターネット・携帯電話のテクノロジーにいち早く触れてきました。日本では会社にコンピュータ室があって、コンピュータはとてつもなく大きく、熱を持つと壊れやすいので、コンピュータ室は冷房でガンガンに冷やされている時代でした。

その当時、アメリカではパソコンが普及して、仕事では1人1台のパソコンを使っていました。アメリカから日本の社会変化を観察すると、10年から20年のスパンで追いかけているようです。

最近こそ、世界は小さくなり、インターネットの普及で情報もあふれ、ギャップも早い速度で埋まりつつあります。

ただ、いまだに変化のスピードについて行ってないのが日本の教育だと考えます。

他民族国家のアメリカではコミュニケーション力は必然

アメリカではコミュニケーション能力を大変重視します。他民族国家で移民の国です。文化や習慣が違い、物凄く広大な大陸を持つ国ですから東海岸と西海岸でも文化習慣がとても違います。こういうお国柄ですからコミュニケーション力がどれだけ優れているかで人生をよりよく生きていけます。

北米では初対面のときによく握手をします。握手は互いのコミュニケーションをとる第一歩となります。握手の習慣は開拓時代にはじまりました。敵か味方かわかるように、自分は武器を持ってないという証に握手ははじまりました。

握手をするときはしっかりと相手の目を見てします。手の握り方でも相手の感情や情熱を感じることができます。距離も近くなりますし、一気に距離を縮めることができます。

握手を求められたら、恥ずかしがらず、しっかりと相手の目を見て、微笑みながらきちんと握手することをすすめます。

年長からはじまるスピーチトレーニング

多民族国家でありたくさんの文化風習が混在するアメリカでは、特にコミュニケーション力を高める教育を小さなときからはじめます。幼稚部（アメリカの小学校は日本でいう年長の学年からはじまる）からコミュニケーション力の一部を鍛えるショー&テールということをやります。クラスメートが毎日、自分の大切にしている物を学校に持ってきてスピーチをします。

学校の成績の付け方もコミュニケーション力の評価が成績のかなりの割合を占めます。授業にいかに参加しているか、発言を積極的にしているかを評価されるのです。テストの成績だけがよくて、授業では静かにしているだけではよい成績はつきません。宿題の内容、宿題を期日通りに提出しているか、なども成績の重要な割合を占めます。

コミュニケーション力はテストの点よりも重く扱われているのです。

コミュニケーション力の高い子は理解力が早く深い

北米で仕事をしていると、どんなに大人しそうな人でも人前でプレゼンテーションする場面になると、とても上手に話し、身体中で力強く表現します。小さなときからの場数の違いと訓練の賜物でしょう。

ある私立高校のフットボール選手がオープンハウス（学校説明会）で、大勢の未来の父兄や生徒たちに向けて、時にはユーモアも交えて素晴らしいプレゼンをしていました。

その学校はフットボールが強くて練習も毎日あり、アカデミックな授業もレベルの高い学校でした。その私立学校の特徴はアカデミックもアートもスポーツもこなす、オールラウンドの生徒の育成でした。

コミュニケーション力を意識したカリキュラムだからこそ、優秀なスポーツ選手が育つ土壌があるのかもしれません。小さなときから学校で表現力を培ってゆくカリキュラムになっているからだと思います。

長年たくさんの子どもたちを指導していて思うのですが、コミュニケーション力の高い子は理解力が早く深いです。疑問を持ったら積極的に質問し、理解を深めます。その疑問を自分の言葉で理解し、確認のために自らの語彙でまた表現します。

この行為は脳科学的にも理にかなっていて、より深い理解を記憶として脳に刻まれます。

高いコミュニケーション力の人は聞き上手

コミュニケーション力の高い人は、おしゃべりが得意なだけではありません。相手の話を上手に聞くことができることもコミュニケーション力の大切な1つなのです。話をよく聞くことで、相手の考えや思いがよく理解できます。

アメリカには『テリブル2』と言う言葉があります。第一次反抗期の2歳児のことです。この2歳児に大人の願いを聞いてもらうのに『オウム返しの手法』を使います。相手の願いを「チョコがもっと欲しいのね」と相手の願いを繰り返すのです。

人は自分の話をよく聞いてくれる人に心を開きやすいのです。一度心のドアを開いてくれると、そこには信頼関係が育まれ、より深いコミュニケーションをとることができます。

もう1つのコミュニケーション力で大切なのが非言語の分野です。言語以外の動作や顔の表情から思いを読み取ったり、伝えたりできる力です。

コミュニケーション力の高さは他人の気持ちを先回りして理解し、自分の気持ちを素直に表現できることにつながります。

コミュニケーション脳が発達した人は相手の感情にも訴えることにも長けていて、自分の思いや考えに共感してもらいやすいという利点があります。

この脳力は最高経営責任者が会社の方針を堂々と語るときに役立ちます。また優れた営業マンがお客様の心をつかむとき、サービス業に従事する方が消費者と接するときなどあらゆる場面であなたを有利にしてくれます。

4　脳は「やりたい！」「好き！」に反応する

『考える力』の土台は知的好奇心

地頭力を鍛えるのに一番大切で大きな『考える力』の土台になるのが、知的好奇心です。

地頭力には3つの土台となる思考力や論理的思考力、直観力などがあります。知的好奇心はこれらの要素を働かせるための大元の原動力となるものです。

もし知的好奇心がなければ、他のすべての能力があったとしても、宝の持ち腐れとなってしまうぐらい大切なものです。

知的好奇心には2種類ある

1つ目は問題解決に関する好奇心で、『何故、どうして？』を知りたがる好奇心です。

もう1つは知識に関する好奇心で、『何なのだ？』という考えです。

もちろん人は両方を持ち合わせているのですが、2つのうちどちらかが強い場面が出てくることがあります。

知識型好奇心の人はとにかく情報や知識を吸収することには貪欲であるけれども、答えを知ってしまった途端に安心してしまい、それ以上物事を深く考えない傾向があります。

日本人はどうも問題を見ると必ず答えがどこかに用意されていると考える人が多いのです。これは学校教育のあり方によるものがとても大きいのです。学校での評価が知識を学んで、どれだけ覚えているかというようなスタイルが大半を占めるからです。それを証明するかのように学年が上がるごとに「なぜこうなるの？」という『なぜ型好奇心』を持ち続けている人が極端に少なくなります。

考える力というのは基本的に答えがあるなしにかかわらず、自分の力で考えてみるという癖が重要です。「なぜ？」型の好奇心を習慣づけることが「考える力」を育てる鍵でもあるのです。

生まれたばかりの脳はダイヤモンドの原石

あらゆる人間は、磨けば光り輝くダイヤモンドの原石の脳を持って生まれてきます。しかし、いくらダイヤモンドの原石でも磨いてあげないと輝かないのです。

おしゃべりでいつも赤ちゃんに話しかけをしているお母さんに育てられた子どもたちの

発語は早く語彙が豊富です。いつもお母さんに話しかけられ、相手をしてもらっている赤ちゃんの目はキラキラしています。

目を見つめて訴えてきます。手足をバタバタ動かして喜びを表現したり、匂いや皮膚感覚など全身の感覚をつかって脳を刺激し、学習していきます。

乳児の脳は乾燥したスポンジのようです。たくさんの語りかけや絵本の読み聞かせに、歌を歌って聞かせることなどをすることで、乾いたスポンジが水を吸収するように、言葉や刺激が脳に入っていき、好奇心の土台の感性や興味を育みます。

幼児は好奇心の塊、環境を整えどんどん刺激しよう

歩けるようになると、行動範囲を広げて未知の世界へ冒険していきます。言葉がしゃべれるようになると、「これなーに?」「どうして?」「なんで?」の連発です。

毎日出会う世界や経験が初めての出来事ばかりで知的好奇心を刺激されているのです。

この時期、親は面倒くさがらずに丁寧に答えてあげましょう。

まずは「あなたはどう思う?」と何でも直ぐに質問するのではなく、一度自分で考えさせます。どんなに現実離れしていたり間違っていても構わないことを伝え、いつも想像や

空想を楽しむ習慣をつくってあげてください。

このように親の対応次第で好奇心はどんどん広がり、「考える力」も鍛えることができます。

学年を重ねるごとにしぼんでゆく好奇心

誰もが好奇心旺盛な時期にその答えを導き出せない環境にいると、成功体験が乏しく、知りたいという願望すら持たなくなります。また、幼児のときに誰でも好奇心旺盛だったにも関わらず、小学校の教育スタイルで学年を重ねるごとに知的好奇心がしぼんでゆく子どもたちが多いのです。

学年が上がるごとに、教師から一方的に情報が流れるような授業スタイルが増えてくるからです。

しかし、日々の生活や学習の仕方で、この知的好奇心を大人になっても持ち続け鍛えることは可能です。ある新情報を知ったときなどに「ふーん、そうなんだ！」とただ納得するのではなく、「なぜ、そうなんだろう？」「どうしてこういう風になるのかな？」と考えたり、疑ったりする癖をつけるとより一層深く理解できるし、記憶に残りやすいのです。

年齢を重ねても、この好奇心を持ち続けることで、いつまでも若い脳でいられるのです。
知的好奇心は地頭力を強化できる大きな土台ですから、大切に育て鍛えなければならないのです。

子どもは大人の行動を見て「やってみたい」と思うようになる

赤ん坊の頃の脳は、大人のやっていることを見て「やってみたい」と思うようです。その「やってみたい」気持ちは自分ができないことですから、何度も何度もやり続け、マスターしたら他のやりたいことへと興味が移っていきます。やりたいことはできないことでもあるのです。

我が子の例ですが、お誕生日前の頃、ケースに入っているビデオカセットのケースを外すことが大好きで、満足するまで毎日30個ぐらい外して遊んでいました。

しかし、ある日を境にぴたっと、その遊びをしなくなりました。指先の微妙な感覚を習得したのでしょう。その後、絵本のページを器用に1人で親指と人差し指で上手にめくることができるようになっていました。

またお味噌汁を大人のようにお椀を持って飲みたがり、上手にはじめはできず顔中に味噌汁だらけになりながら飲んでいましたが、何度も失敗を繰り返すうちに上手に飲めるようになりました。

こういう行為は注意深く観察していると、日常の中にたくさん見つけることができます。失敗を恐れず、何度も失敗しながら脳は学習していくものだと考え、チャレンジさせることで確実に早く脳は力をつけていきます。

「親の背を見て子は育つ」

もう少し子どもが成長してくると、やってほしいことを数多く目に触れさせることで、興味を持ち「やりたい」気持ちにさせることができます。例えば読書好きにするには両親がいつも本を楽しんで読んでいる姿をみせることです。料理などもできることを手伝わせながら、料理の手順を観察できるように見せることです。

私自身の例でいうと、私の父は画家でした。その影響もあり家には世界の名画全集があり、休みのときには美術館や近代美術の展覧会など連れていかれました。父との旅と言えば画家仲間とのスケッチ旅行でした。その頃モダンアートなどチンプンカンプンでしたが、気が付いたらアート好きで得意な子になっていました。子どもは「親の背を見て育つ」とはまさにこのことです。

常に地頭力を鍛える環境を意識して取り入れつくることで、子どもに限らず大人でも脳への刺激は有効です。

好奇心、チャレンジ、快感ホルモン！

たくさんのやりたいことができるようになり、その後何回もチャレンジした後にできるようになったときの達成感は、この好奇心を満たし喜びに変えます。事実、少し難しいことにチャレンジして物事を達成すると、脳の中では快感ホルモンがたくさん出ます。人は自分が簡単にできることを何度もやると飽きてきます。

しかし、少し難しいチャレンジは面白く何度やってもできるようになるまで飽きることはありません。このチャレンジが難しく、苦労すればするほどできたときの喜びは最高です。このとき脳内では快感ホルモンが多量につくられるからです。

年齢に関係なくこの快感ホルモンは出ます。例えば、長い距離を走り切るマラソンは、ある時期を超えると苦しさが気持ちよさに変わります。いわゆるマラソンハイです。ゲームをどんどんクリアしてステージをあげ、最終ゴールに達成したときに味わう何とも言えない幸福感などです。

簡単にできるようになったことを繰り返しても、快感ホルモンは出ません。高いゴールをまず持ち、その過程の小さなゴールをクリアする度に快感ホルモンはつくられるのです。この積み重ねが最終の高いゴール（目標）へ導き、そこへ達成したときには大きな達成感に包まれ幸福感で脳は満たされます。

やりたいことにチャレンジし、それをマスターできると達成感を脳が味わいます。快感ホルモンで満たされるようになり、どんどん好きになります。

このサイクルを幾つも経験すると、地頭力に欠かせない好奇心旺盛な脳をキープでき、『考える力』の得意な脳力が身につくのです。

5　人間脳を鍛える

壮大な進化の過程でできた人間脳

目まぐるしく進化していく現代社会において、ＡＩに取って代わられず、人間だからできる能力を最大限に発揮できる人はどの分野においても引っ張りだこです。

一説によれば、人間が母親のお腹の中で、細胞分裂を繰り返し、10か月の間に人類の進化を一気に再現しているようです。脳も魚類時代から爬虫類、哺乳類と進化し、最後に人間だけが持つ思考などに関わる前頭葉というものを発達させていると考えられています。

前頭葉とは、大脳の中心よりやや前方にあり、思考や意欲、創造力など高度な機能を司る部位のことです。ちょうどおでこのあたりにある脳です。いわゆる人間だけが持つ人間脳です。

脳は場所により役割がある

『脳は場所により役割がある』という考えは、今から250年前の18世紀モーツァルトが活躍していた時代にありました。ちょうどそのモーツァルトが活躍していたと同時期に、ウィーンに住んでいたドイツ人医師のフランツ・ガル博士は頭蓋骨から脳への働きに関心を持つようになりました。そして、「この部分は本能的な分野に関係する」「この部分は言語活動に関係する」などと脳の働きが場所ごとに異なる役割を持つことを発見しました。

当時は顕微鏡も普及しておらず、脳の研究をするにも表面的にしか見られない状態でした。しかし、ガル博士は頭蓋骨の形から精神的能力や性格を診断する考え方である『骨相学』を生み出しました。この『骨相学』をもとに脳を見ていくことで、脳が場所ごとに異なる役割を持つことを突き止めたのでした。

当時、彼の考えはウィーンでは受け入れられなかったのですが、フランスに渡り、講演を続けることで、その考えは少しずつ浸透していきました。

その後、時代は進み、ドイツ人の解剖学者コルビニアン・ブロードマン博士が、脳の表面にいくつもの細胞集団が形成されているのを発見しました。脳の各場所に細かく役割があり「ブロードマンの脳地図」として現在でも知られています。

人間脳を鍛えるために最も深く関与する前頭葉

この脳地図には細かく120の役割があります。この役割を機能別にまとめると8つの種類に分けることができます。思考・感情・伝達（コミュニケーション）・理解・運動・聴覚・視覚・記憶などです。

この8つの機能の中でも人間脳を鍛えるうえで最も大きな影響を与えるのが思考と感情に深く関わる場所です。感情系に関与する部分は脳の「前頭葉」に位置し、かつ『海馬』を含めた記憶系に関するところのすぐ前にあることから、その人の人柄を決定づける重要な役割を担っています。

感情系の部位をうまく使いこなすことで思慮深い行動がとれる

前頭葉は目的や意志に基づいて指示を出す部分なので、感情系の部位をうまく使いこなせば、深く考えたり、自分にとって必要ないと判断した情報をシャットアウトすることができます。

また一方で海馬は人間の記憶に深く関わっています。そのため喜怒哀楽の感情をあらわにすると、記憶にダイレクトに影響します。感情を大きく揺さぶられた出来事ほど記憶に残るのはそのためです。

感情系の部位は思考系の部位までもコントロールし、考えようとする行動を抑制するほどの影響力があります。そのため人間脳と呼ばれる前頭前野を鍛えることで、感情をコントロールし理性で人間らしく行動することができるのです。

もう1つの前頭葉で重要な役目を果たすのが思考系部位です。この思考系は脳全体をひっぱる司令塔のような存在です。

ここが最も人間だけが発達させた思考や意欲、創造力など高度な機能を司る場所です。

「こうなりたい」と強く望んだり、集中力を強くしたり、また意思決定をする機能などが集まっています。

脳の成長は枝ぶりの伸びできまる

誰でも一度は脳の画像を見たことがあると思います。赤ちゃんの脳には白い部分が多く黒くしわのようになっている部分は少ないです。大人の脳は黒く太い枝分かれしたしわのような部分が多くみられます。脳の成長はこの枝が太く細かく伸びているかで決まります。それぞれの脳の部位は多くの情報を得て枝を発達させ、他の部位と連携するためにどんどん伸びていきます。その中でも様々な情報を吸収して、経験を積み重ねて使い込んでいくことが鍵になります。この枝ぶりを太くするにはたくさんの経験を積んで、使い込むことが必要だからです。

脳を鍛えるには色々な部位との連携を組み合わせて鍛える

よく使っている脳の部位はこれまでに直面したことがない「新たな経験」をすることが成長につながります。思考系と感情系の脳の部位が人間脳を鍛える重要な役目をしますが、他の6つの部位ともつながりながら成長していきます。

例えば、相手の話を聞きながら何かを考えているときは、思考と聴覚の部位がつながっている状態です。音楽を聴いて楽しい気分になったときは聴覚と感情で、口を動かし歌えば運動系につながるのです。本の文章を読みながら考えを巡らせると、視覚系の部位と思考系の部位がつながっている状態です。

このように脳の働きは色んな機能を持つ部位同士の連携で成り立っています。この連携を上手に組み合わせて鍛えることができます。

使ってない脳の部位があるのも問題です。休眠中の脳の部位は成長に必要な情報や経験が得られてないのです。人はそれぞれ生活パターンや仕事内容が違います。そこでよく使われる部位がある反面、あまり使われない休眠中の脳の部位があることを自覚しましょう。

そこを意識することで、仕事で多く使う部位とは違うところを使うようにすることで、新たな脳力が開花します。

営業マンは人と接することが多いので、言語の部位をよく使います。しかし、それ以外の部位はあまり使われてないかもしれません。こういう人は仕事以外のプライベートでは意識して、それ以外の部位を鍛えることが大事です。

第3章

「生きる力」に欠かせない地頭力の鍛え方

1　まずは空っぽの引き出しに情報を

授業に参加しないけれど、飛び抜けて成績のよい同級生

読者の皆さんの周りには、特別にいつも勉強をしている訳でもないのに、学校の成績がトップクラスのクラスメートがいませんでしたか？

私にはいました。小学5年生のとき、クラスに飛びぬけて成績のよいクラスメートがいたのです。彼は教室の中にいるのですが、授業にはほとんど参加していませんでした。いつも教科書とは別の本を読んでいます。宿題も一切しないので通知表はいつもよくなかったようです。

しかし学力テストでは全国で常にトップでした。その後彼は中学受験をし、超難関といわれる中高一貫校に進学しました。

また、私と同じ年のいとこはいつも遊んでばかりいて、あまり勉強している感じではないのに成績優秀でした。あるとき、どうして成績がいいのかと聞いたことがあります。彼の答えは「授業中に集中していると理解でき、すぐ頭の中に入って忘れない」との返事が

返ってきました。

そのとき「同じ脳なのに、どうしてこんなに違うのだろう？」と疑問に思っていました。私はその当時、自分に興味がないことや、学ぶべき理由が納得できないと授業に集中できず頭に入って来なかったからです。

「集中したいときにいつでも集中でき、それを長く持続できる力が必要なんだ」とその当時は何となく考えていました。

『頭のよい人』にはどうやったらなれるのか？

それ以来「『頭のよい人』にはどうやってなれるのか？」「天才と言われる人はどのように育ったり教育をうけたのか？」ということに強い興味を持ち研究をするようになりました。いわゆる天才を育てた本をたくさん読破しました。

天才にはあらゆる定義が存在しますが、学業でいうとたくさん飛び級をし、かなり若いうちに大学を卒業した子どもを育てた親の著書であったり、歴史的に偉業をなした天才たちの子どもの頃の環境や育てられ方を調べたりしました。

その中の1冊には平均よりはるかに高いＩＱを持つ親子の父親が自分の育てられた環境

を調査し、同じように自分の子どもにも子育てをした内容の本もありました。明らかにこれらの子育てにはたくさんの共通点があり、環境や行動で子どもの脳を刺激することによりどの子も高い知能を育んでいました。

そして、私の考える『頭のよい人』は環境や意識した日々の生活で創造できるということが確信できたのです。

空っぽの引き出しからは何も引き出せない

皆さんが何処かで一度は耳にしたことのある公文式学習法の生みの親である公文公氏が言ったあるエピソードがあります。彼は指導者向けの講演会でこう言いました。

「英語で【教育】とはエデュケイトと言うが、その語源はラテン語で『引き出す、能力を導き出す』と言う意味がある。しかし、空っぽの引き出しからは何も引き出せないではないのか？　だから、はじめに空っぽの引き出しを埋める作業が大切なのではないか？」

まさにそのとおりだと思います。天才たちの育ち方を調べると、普通の子どもたちよりもたくさんのあらゆる分野の情報や体験をかなり早い時期に引き出しに入れることができていたのです。

たくさんの引き出しをつくることは色んな体験や経験を積むこと

このことは本当で、飛び級をして小学生の時に大学で勉強したり、いわゆるＩＱの高い子どもたちはたくさんの情報や経験のインプットをしてもらっているという共通項がありました。語学を習得する過程を例にとると、もっとわかりやすいでしょう。

私自身の経験ですが、娘はアメリカで生まれたアメリカ人です。両親が日本人ですので日系二世になります。バイリンガルにしたかったので、聴覚が発達していると言われる妊娠5か月からたくさんのインプットを始めました。いわゆる空っぽの引き出しにたくさんの情報と経験を入れはじめたのです。

アメリカは車社会なので、通勤時に日本語、英語、フランス語の童謡を毎日車の中で聞いていました。私はフランス語を一切しゃべれませんが、何千回も聞いていると不思議なもので口ずさめるようになるものなのです。本は毎日5冊ときめて記録をとりながら読み聞かせをやりました。5冊といっても絵本ですので、そんなに大変ではありません。その結果、娘は2歳で小学校1年生程度の読み書きができるようになっていました。

時期も大切ですが、それよりも空っぽの引き出しにたくさんのインプットをし続けると、あふれ出てくるアウトプットが早く、とても感動的です。寝る前の娘への読み聞かせの時間に身近な人物が出てくる創作童話もよく聞かせていました。

そうすると、いつからか自分で創作童話をつくって私に聞かせるようにもなりました。使っている語彙の豊かさに、ちゃんと立派に引き出しに言葉が入ってるんだと確信しました。歌を聞かせたり、本の読み聞かせはしっかりと感情豊かに表現できる言語能力の高さとなってあらわれるのです。

2　引き出しは多ければ多いほどよい

発達中の生物が持つ強い生命力である敏感期

発育の途上にある生命は、自然から課された宿題を成し遂げるために、内面から押し上げてくる強い生命力を持っています。それは発育中の生物が幼少期にだけ持つ独特の強い生命力であって、遺伝子のプログラムに従い、順を追ってあらわれます。自然から与えられたその時期その時期の課題を成し遂げさせる原動力になります。

モンテッソーリ教育の創始者であるマリア・モンテッソーリは生物学者でもあったので、この発育中の特別の生命力を教育に初めて利用しました。人間の幼児期に著しく見られるこの特別な生命力の時期を「敏感期」と呼びます。

マリア・モンテッソーリは、人間の幼児期に著しく見られるこの特別な力が敏感期と呼ばれる生物学上の事実であると気づいたので、これを人間の教育に役立てたのでした。彼女はイタリアで初の女医でもありました。医学と生物学の両方を学んだからこそ出てきた素晴らしいアイデアだと思います。

まず母国語を習得する敏感期のはじまりは胎教からです。胎教の時期は妊娠5か月から胎児は聞こえています。もし性別がわかっていれば、子どもの名前を決めて語りかけてください。性別がわからない場合はニックネームを決めて語りかけてください。

そして子どものための童謡を聞かせたり、話しかけたり、本を読み聞かせたりすることなどもたくさんの脳への引き出しをつくることに有効です。

とても大切な敏感期と臨界期

子どもの発達過程では「敏感期」の他に「臨界期」というのもあります。

臨界期とは、人間の脳はその能力を学習できる適切な時期があり、それを逃がすといくら努力しても限界があるという考え方です。

言語習得には敏感期があり、母国語以外では臨界期も存在します。そのことを知っていましたので、私は日本語・英語・フランス語の童謡を聞かせました。生まれて3日目からは、毎日、本の読み聞かせも続けました。

余談ですが、私はフランス語が話せません。しかし、毎日1000回以上フランス語の童謡を聞くと、音楽のイントロを聞いただけで歌を口ずさめるようになったのです。

このとき私の脳に空っぽのフランス語という引き出しができ、その引き出しにフランス語の情報が入っているのを実感しました。

乳幼児は引き出しを増やし、情報をインプットしやすい黄金期

まだ色んなことができない赤ちゃんは頭の中の引き出しがたくさんありますが、全身を使って引き出しを増やしながら、空っぽの中に情報や経験を入れていきます。特に生まれてから一人歩きができるようになるまでは、1人で動けないのでインプットをたくさんしやすい時期でもあります。

ある高い知能を持つお子さんを育てたお母さまは、子どもを抱いて色んな物を見せながら詳しい説明をたくさんしたと言っています。おしゃべりなお母さんだったので、起きて

いる間はずっと語りかけていたそうです。

乳幼児期はたくさんの敏感期が存在します。それぞれの未発達な機能を伸ばすためにあるのです。

繰り返しがスキルをマスターする最高の方法

敏感期の行動は同じことを何度も何度も繰り返します。興味を持ち集中してある動作を習得するためにやるのです。一旦習得してしまえば、次の行動へと移ります。

前章にも書きましたが、娘はある時期、ＶＨＳケースからカセットを引き出す作業ができなくて、毎日毎日家中のカセットを引っ張り出して遊んでいました。しかし、そのことをマスターすると、ピタッとやらなくなりました。

親にとっては家の中が散らかる迷惑行為ですが、指先の感覚とバランスを学んでいるのだと理解し見守ることが大切です。

幼児にとって、遊びは学び

モンテッソーリメソッドの教具にシリンダーというのがあります。丸い同じ大きさのシリンダーで高さだけが違うのがあります。それをそれぞれがぴったり収まる高さの違う木枠があり、それにはめていく教具です。他には色んな違ったにおいが入っている小瓶のにおいを嗅いで、違いを体験する教具もあります。外から見るとただの遊びですが、子どもにとっては生きていく脳力を鍛えていることなのです。

引き出しをできるだけ多くすることは引き出す物の量と幅を広げるので、強い地頭力を鍛えるうえでとても大切です。これからの変革の時代をまさに賢く強く生き抜く『生きる力』の土台づくりになるのです。

3　目から入る情報量は無敵

情報の撮り方と処理力は地頭力の要

現代の社会は目まぐるしい速さで変化します。想定外の出来事もよく起こります。こんな世の中を幸せに生き抜くには地頭力の土台になる、たくさんの引き出しに入れる情報の撮り方や整理・処理の仕方はとても大切です。

人間は視覚、聴覚、嗅覚、味覚、触覚の五感で情報を集めます。目による感覚「視覚」が、耳「聴覚」や鼻「嗅覚」や「味覚」など他の感覚より優れている点は、「物を見る」という行為から得られる情報量の豊かさであるといわれています。

少し難しい単位になりますが、１秒間の情報量はビット／秒で表します。例えば音を聞くことから得られる情報量が８０００ビット／秒であるのに対し、目で物を見ることは４３０万ビット／秒なのです。実に聴覚の６００倍近い情報が得られます。

人間の網膜には、約1億３０００万個の受容体があります。網膜でキャッチされた情報は１００万個の神経線維を持つ視神経を通って脳の視中枢に送られます。すなわち、人間は外界から得る全情報の80％を視覚が担っているのです。

「視覚」での情報量は聴覚や嗅覚など他の感覚器官で受け取った情報量より、はるかに多くの情報を私たちは受け取り処理をしているのです。

私たちは脳で見たものを処理（理解）する

私たちは脳で見たものを処理する、すなわち理解するわけですが、ぼんやりしていたり何か他のことを考えていたりすると、見ているものを意識してないことがあります。そのようなときでも、目は常に外から入ってくる情報をすべて受け止めています。

カメラのように例えられる目の仕組みですが、目は自動で焦点を合わせながらビデオカメラのように画像を常に映しつづけているのです。

これらの機能を脳のトレーニングに使わない手はありません。私は生後3日目から絵本の読み聞かせを娘にしました。一緒に寝転び絵本が見えるようにして読み聞かせました。

フラッシュカードを素早く見せたり、部屋中に物の名前を日本語でカードをつくり貼っておきました。公園では、遊具の名前や説明、木や葉っぱなどについてお話をしたのを覚えています。

自分で移動できない時期に視覚情報を与えることは最大最速効果を生む

まだ1人で移動がよくできない生後6か月以前にこの目からの情報をインプットすると、子どもの脳がすごい勢いで、スポンジが水を吸いこむように学習していくのを実感します。

わが子の例で言いますと、お座りができる6か月ごろ顔の部位のフラッシュカードを5枚座っている目の前に置き、インプットをして遊んでいました。

ちょっと試してみたくて、「鼻はどのカード？」と聞いてみました。そうすると、娘はそのカードに視線を送ったのです。それで認識しているのがわかりました。その後は手先も器用になりカードを触ったり持ったりできるようになったので、1つの楽しい遊びとなりました。

「視覚」と「聴覚」への刺激でダブル効果

目だけではなく、話しかけることで、耳からの刺激の効果もあり目をキラキラさせ脳の土台づくりを楽しんでいるのが感じられます。口元もよく見ていますので、口を動かし言葉も、ものすごく早くからしゃべりはじめます。聴覚が発達してくると言われる妊娠5か月ごろから話しかけていたので、生後3週間のときに、ずっとではありませんが何度か自分の名前を喋りました。

このことはある本で同じような働きかけをした5家族の共通の事実として書かれていたので、自分の身に起きたときはとても感動しました。理論では理解できましたが、実体験でその日を迎えたのはとても嬉しかったです。

長い間の脳への引き出しづくりと、そこへ情報を満たす作業はアウトプットがこうして出てくるまで、孤独で長く感じられたからです。本だけでなくその当時、指導していた他の家族のお母さま方にも体験していただけました。

視覚情報を取り入れることは年齢に関係なく脳内ネットワーク形成に役立つ

目から入る情報は脳を鍛える方法として、子ども時代だけに限るものではありません。もちろん脳の神経ネットワークを決定づけるクリティカルエイジは存在します。個人差はありますが、一般的に8歳〜13歳にかけての時期にあたります。

クリティカルエイジとは、脳の神経細胞同士が神経ネットワークを形成するピークの時期を意味しています。子どものときに使うことのなかった神経細胞は、不要なものと判断され、淘汰されていきます。そうして、その淘汰が圧倒的な勢いではじまるのがクリティカルエイジを過ぎてからなのです。

幼い頃につくられた神経回路は、後々までずっと残っていきます。その代表的な例は言葉を聞き分ける能力です。

クリティカルエイジを過ぎてからも鍛えられる脳内ネットワーク（神経ネットワーク）

そして、クリティカルエイジ以降につくられた神経ネットワークは、もともと強固ではありません。使わなくなった神経細胞はどんどん失われていくからです。

しかし、クリティカルエイジを過ぎてからつくられる神経ネットワークをより強固にしていくことは可能です。どの年齢においても脳の働きを回復させ、地頭を鍛え、脳を若返らせることは可能なのです。

それは脳を使い、神経ネットワークの働きで抽象度の高いところの脳力を磨き、維持向上させていくことです。年齢は関係ありません。頭の賢さを決める脳内ネットワークの形成は一生涯続くのです。

「視覚」を意識して刺激することを考えて日常に生かす

『人は見た目が９割』というタイトルの本が話題になりましたが、まさにこの視覚情報の圧倒的な特徴を生かし、マーケティングやコミュニケーションなど、日常的に脳は刺激を受けているのです。

取り扱い説明書も今では動画のほうが早く正確に情報が伝わるので、デジタル世代には人気です。インプットしたい情報を自分の身近なところに置き、いつも視覚に入るように意識するのも大切です。

4　子どもの疑問、発見は褒めて、答える

語りかけや環境でいくらでも脳の引き出しは増やせる

たくさんの語りかけや刺激を受けた子どもは、脳の引き出しをまず多くすることができます。その引き出しに目や耳、肌で感じる様々な刺激やにおいまで、脳の神経細胞ネットワーク、いわゆる引き出しを増やすのです。

乳幼児期に両親や特に母親に常に話しかけられ、さも会話をしているかのような時間を過ごした赤ちゃんの発語はとても早いのです。どこへ行くときも連れて行き、目に見えるものや体験を常に詳しく説明をしてあげていると、脳の引き出しの数も中身も充実してきます。

あまりにも小さいので「赤ちゃんは理解できていないだろう」というのは大きな誤解で、目や耳、肌の感覚などで、においまでもしっかり脳に記憶しているのです。科学的にもたくさんの刺激を受けた赤ちゃんは脳細胞神経ネットワークが複雑に形成されていくのが明らかになっています。

乳幼児期の子どもたちは、毎日の生活で受ける体験そのものがほとんど新しいことの連続で、頭の引き出しにどんどん経験や情報を入れていきます。乳児から幼児の時期は、様々な体験や語りかけで脳の引き出しを増やしながら、そこへ情報を入れていきます。

コップから水が溢れ出るように反応は突然やって来る

インプットの時期は空のコップに水を入れている状態なので、明らかな反応やアウトプットがすぐには出てきません。しかし、続けていると、いつかコップから水が溢れてきます。

お盆の上にビーカーがあると想像してみてください。そこにミルクを注ぎはじめます。はじめは空っぽですから何も起こりませんが、注ぎ続けているとあるときを境に白いミルクがビーカーからあふれ出し、お盆のほうへとミルクが移動します。

このお盆にこぼれ出たミルクがアウトプットとして、今までできなかったことができるようになる現場を見ることと同じなのです。ここでの体験は親子にとって、とても感動的です。

私自身も娘が初めて形容詞を入れて「マミー、なんてきれいな虹なの！」とラッシュアワーの車の中で発語したとき、とても感激したのを今でも鮮明に覚えています。

たくさんの質問はインプットの成果

この時期を過ぎると、体験と意味を結びつけてたくさんおしゃべりができるようになり、たくさんの理解できないことについて訊いてきます。子育ての経験ある親御さん、特にお母さんは覚えているでしょう。

会話の度に「何で?」「これは何?」「なぜ?」「どうして?」と質問攻めの毎日がやってきます。これは、とても喜ばしいことです。

なぜなら、たくさんのインプットが多ければ多いほど、この質問はたくさん平均よりも早い時期にやってくるのです。これまでの子育ての成果がアウトプットとして出てきた証だからです。

子どもの疑問はできるだけ一緒に考えよう!

このときの子どもたちは自我が芽生え、自分の身近な世界から少しずつ外へ外へと発見や疑問を持ち、確認しながら世界観を広げていきます。

ですから、面倒くさがらずにしっかりと答えてあげましょう。いつも親が答えを知っているとはかぎりませんが、一緒にその疑問に向き合い答えを探す経験をお子さんと一緒にしましょう。

すでに親御さんが知っている知識や内容であれば、すぐに答えてあげてもよいのですが、時には子どもながらに想像がつきそうな質問であれば、あえて答えずに「○○ちゃんはどう思う？」と考えさせて自由な意見を言わせてください。

この習慣は子どもにいつも思考する癖をつけ、色んな考え方があってもよいことを身に付けさせることができます。「親が子に教えられ」ということわざがあるように、親も雑学を増やすよい機会で、地頭の土台を強化するのにとても大切な生活習慣になるのです。

思考する脳は本来人間だけが持つ脳の力

人間の人間らしい所以は、まさに「考える」ことです。地頭力の基礎になる論理的思考力と直感力を下から支える大きな土台になるのが知的好奇心です。

子どもは刺激や体験を通して神経細胞ネットワークを構築していくのですが、それをどんどん広げサポートしてゆくのが『なぜ？』とか『何なの？』という好奇心の質問です。

1人前になってゆく過程にある子どもの脳は、本能的にも貪欲に「質問」して「納得」したり、「発見」したりして賢くなっていきます。

例えば、パンケーキを焼くお手伝いをしていた子がお母さんに「どうして水みたいなものが膨らむの？」「ぽつぽつ空いている穴はなあに？」など疑問を投げかけてきたら、まず質問できたことを大袈裟なくらい褒めてあげてください。

「疑問を持つことはよいことなんだ」と自信につながりますし、前にも述べた本当の頭のよさの土台の1つ、好奇心旺盛な子に育つからです。

体験から来る知識やノウハウは記憶に長く深く刻まれる

パンケーキづくりのとき、卵を混ぜるのに泡立て器を使います。「空気がしっかり入るように叩くように混ぜるのよ」と言われて実際に一緒につくった後の疑問ですから、「材料を混ぜるときに入れた空気のせいだよ」が、先の質問への答えだとすれば、体験と一緒に記憶され一生忘れないでしょう。

もちろん、パンケーキの膨らむ原理はベーキングパウダーのせいでもありますので、年齢があがれば、このときのお手伝いは理科への実験みたいにもできます。

頭をもっと賢くするには簡単に答えを出すのではなく、「何ちゃんはどう思う？」とまず質問に対してどんな答えがでてきてもよいので、本人に考えさせてください。

私はいつもある物事の内容を深く理解しようとするときには、たくさんの質問をします。その回答がとても論理的な説明で、聞いている自分が納得して賛同したとしても、あえて逆の発想の質問もしてみます。ディベート大会のように「原発反対」という議論に賛成でも「原発賛成」の立場で意見や質問を投げかけてみるのです。

そして、その質問や議論にも論破されずに論理的に回答できたら、より深い理解が得られ、その質問に相手も論理的に答えられたなら、さらにより深い理解が得られます。

いつも考える癖をつける脳にしておくことも一方的に送られてくる情報を鵜呑みにするのではなく、これからの時代を生き抜くうえで大事です。

5　読書好きにする

天才にはいくつかの共通点がある

私が天才と言われる人たちを調べた結果、いくつかある共通点の１つが「読書好きである」ということがわかりました。読書好きにしておけば、読書の世界を疑似体験でき語彙や知識が育ちます。

本を読まない人より、好奇心の種をたくさん持つことにもなります。好奇心の種はやがて育ち、そこに探求心が生まれ、読書により疑問を解決することもできます。

そこでまた新たな疑問を抱いたり、時には作者に共感したり、空想をめぐらせたり、思考脳をフル回転させられます。

天才と呼ばれる人たちには圧倒的な知識量があります。この世の中にまだない発想をしたりモノづくりをするには物凄い量の知識が必要です。圧倒的な知識量を習得する一番よい方法は読書です。

これは子どもだけでなく、大人にも当てはまります。知識習得の一番の近道は本を読むことなのです。人の話をどれだけ聞いても、知識としては身に付きにくいのです。

視覚野を使う読書は脳の広範囲を使い前頭前野で構造化される

視覚野というのは、後頭葉と呼ばれる脳の後ろ全体にもおよぶ大きい領域を占めていて、目から入った情報を処理する部位です。

この領域はＶ1からＶ5という5つに分かれており、目から取り入れた情報は、もともと統合された情報ではなく、それぞれの領域で、色や形、速度、方向など、すべてがバラバラになって認識されます。それらを脳が統合し、私たちの認識になっているのです。視覚野からの情報を使うということは、視覚野だけでなく、海馬、側頭葉なども使って処理されます。そして、それが前頭前野で構造化されます。

視覚を使って情報を手に入れるほうが、脳全体が働きやすいといえます。「読書」は大量の情報を脳の広範囲で処理することができますが、「話を聞く」は、それよりも限界があります。

地頭力の基本となる思考を働かせるための知識習得で考えれば、読書が一番なのです。

自分の好きなことを仕事にして生きていく

私自身、自分の子ができたら『世界の中でタフに自分の好きなことで生きていける脳力を持った子に育ってほしい』と考えていました。

そこで、天才たちの育ち方を参考にしたのです。彼らはかなり早い段階であらゆることに興味を持っていました。いわゆる地頭力の土台になる好奇心がとても強く、興味を持った分野を常に探求していました。いつも考える習慣がついていて、思考脳も日常的に鍛える環境の中に育っています。

これらの基礎となる環境が、先ほども述べた読書と言う習慣です。その1つの方法として生後3日目から毎日最低5冊の絵本読み聞かせを実行しました。

1日5冊の読み聞かせ、記録をとる

ただ読み聞かせるのではなく毎日記録をとり続けました。1日5冊といっても絵本はすぐに読み聞かせられるし、同じ本を何度もリクエストされることもあるので、そんなに大変ではありません。

絵本を選ぶ基準はその子の年齢や何か月目かでも選びますが、絵や言葉の単純なものから徐々に複雑にしていくとよいです。現在はネットや本屋・図書館などで推薦図書がリストアップされていますので、そこからも情報を得るとよいです。

記録はシンプルに毎日続けられるように

記録は毎日とることが大切なので、負担にならないような最低限の項目を幾つか記録することが大切です。日付、読み聞かせの冊数、フラッシュカードやパズルなどインプットや遊びの内容を記録する欄などです。

１日の変化や感想が一行で書き込める空欄など、少ないスペースで1日分の記録が終わるようにデザインしておくと記録が続けやすいです。

記録が大切なのは小さな変化が一目でわかるので、親のモーチベーションにつながり、それ自体が素晴らしい育児記録になります。

マルチリンガルに育てるための読み聞かせ

空っぽの脳の引き出しをたくさんの日本語で埋め尽くす感覚でせっせと読み聞かせました。アメリカ生まれですから、放っておけば米語の世界で育ちます。マルチリンガルに育ってほしかったので、日本語のシャワーを毎日注ぐのに、本の読み聞かせはとても助かりました。

読み聞かせをたくさん受けた幼児は発語もとても早いのです。前述したとおり、生後３か月で自分の名前を言い、１歳ごろには形容詞のついた言葉を発しました。

ある保育園の帰り、渋滞の車の中で「マミー！　なんてきれいな虹だねぇ」と言ったときは、自分の耳を疑い、思わず娘を二度見しました。このとき「やっぱり読み聞かせは効果がある」と確信しました。

アウトプットは空のコップの水が溢れだしたとき

はじめの頃はあまりアウトプットがありません。例えば読み聞かせは空のコップにミルクを注いでいるようなものです。ミルクがあふれこぼれるまでは何も変化はありません。それでも注ぎ続けると、ミルクがあふれ続けるのです。

このときのコップは言語野にある引き出しです。こぼれ出るミルクはたくさんのおしゃべりです。

胎教から数えれば多少の反応はありますが、はじめての発語を聞いたときの感動は地道なインプット活動の多さに比例して、とても大きな感動です。

ご指導させていただいた何人ものお母さん方に、この感動のことを励みに読み聞かせを頑張ってもらっています。

一人読みができても読み聞かせを

読み聞かせは自分で本読みができるようになっても続けましょう。自分で読める楽しみもありますが、平行して読み聞かせも続けると、読めるレベル以上の文章を理解し、脳にイメージしやすく考える力をより鍛えることになります。

ある有名な教育メソッドの国語教材を開発した方の国語力は群を抜いて高いものでした。その秘密を聞いてみると「僕は小学校6年生まで本の読み聞かせをしてもらっていた」と言うのです。

自分で読めるようになったからと、普通はすぐに読み聞かせをやめてしまう親がほとんどなのではないでしょうか？　しかし、自分で目でおって読めるレベルよりは少し上の本を読み聞かせてもらうことで、頭の中でイメージをつくり想像しやすくなり、より深く本の内容を楽しめます。

はじめは6年生までと驚きましたが、その親子の時間を想像すると、読み聞かせ途中の親子の会話やほのぼのとした愛情あふれる空間がその子の脳を刺激し育てたことを考えさせられました。

本好きにする空間を意識してつくる

もう1つ本好きにするコツは環境を整えることです。子どもの目の触れるところにいつも本があるようにする。小さい場合は本棚に置いておくだけでなく、楽しい絵本の表紙がよく見えるようにディスプレイすることです。

本を手に取って開きやすくする空間をつくるだけでかなり効果があります。

私自身子どもの頃、世界文学全集というのが部屋中にありました。その頃多くの家庭にあった辞書みたいな分厚い本が20冊ぐらいありました。はじめは積み木のように遊んでいましたが、次第に興味を持ち読みはじめました。世界中の有名な文学を集めてあったので、どれも質が高く本好きになっていました。

今では情報で溢れていますが、当時は何もなく、本をブロックのようにして遊んでいたのに、江戸川乱歩に出会い推理小説のとりこになったり、まさに環境のなせる業なのだと痛感しました。

図書館も大いに利用しましょう。家庭ではそろえにくいたくさんのジャンルの本がありますので、そこを探検するのも子どもの興味を広げるのに役に立ちます。お母さんが思いもよらない物に興味を引くこともあるからです。兄弟でも嗜好が違うし、年齢を重ねるごとにも好みが変わります。

読書の習慣化は速読にも大いに役立つ

読書を小さなときから習慣化すると、たくさんの語彙が増え、その語彙や知識の多さを使って脳で処理していくので、自然に読むスピードが増します。

巷には○○速読法というのが流行っていますが、速読力をつける方法はとても単純で多量の本を読むことなのです。とてもシンプルです。

本書を読まれているご自身が文字を習いたての頃を思い出してみてください。読むことに慣れてないので、はじめはみな拾い読みだったはずです。たくさんの量を読みこなしていくと、1つの言葉が写真記憶のように一瞬で理解できるようになり、それが文全体になりページ全体へと理解できていく感覚です。

段々と本を読む速度が増し、その知識量がまた次の分野の読書の速読を助けます。そのことが、本読みを楽しみに変え、すべての学習の強く大きな土台づくりに貢献するのです。

6　親の背を見て子は育つ

やってほしいことを親は率先して見せる

「先生、うちの子本を全然読まないんです。どうしたら読むようになりますか」とよく聞かれます。

そこで「お母さんはお家で本を読まれますか?」と私は聞き返しますと、ほぼ100%答えは「いいえ」です。

寝室で子どもが寝た後に本を読まれる方もいるでしょう。しかし、本好きの子どもにしたければ、本を日常読んでいるご両親の後ろ姿を子どもに見せるべきです。「何々をしなさい」ではなく、「やってほしいことを率先して親が見せる」ことが大事です。

このことを実感するある出来事がありました。娘が1歳の頃、仕事が忙しく毎日自宅で生徒の採点をよくやっていました。あるとき、娘が鉛筆を持って何か字のようなものを書いているのです。字はまだ読めるものではありませんが、その鉛筆の持ち方が完璧だったのです。中指でサポートし親指と人差し指を曲げて、正しい鉛筆の持ち方で字のようなものを書いていたのです。

そのときはそんなに意識はしませんでしたが、その後数か月してスタッフに採点を任せ、自宅ではしなくなってしばらくしてみると、娘の鉛筆やクレヨンの持ち方が、グーで握るようになっていたのでした。

そのときはじめて、正しく鉛筆を持っていたのは私の採点の様子をじっと見ていたことに気づいたのでした。

手間だと考えず、大人の真似行為を地頭づくりの過程だと喜ぶ

１歳ぐらいのときはお味噌汁のお椀を両手で持ち、大人と同じように飲みたがりました。蓋つきのコップは頑固に拒否され、私たちと同じように強く飲みたがったのでした。はじめは上手にできず、顔面お味噌汁だらけでしたが、だんだんと加減がわかり、２週間ぐらいでできるようになりました。温度に気を付けたり、洗濯物が増えたりしますが、地頭づくりの最中だと考えチャレンジを喜びましょう。

子どもはよく親を観察しています。どの動物も同じですが、親の行動を真似ることでたくさんの生きる術を学びます。料理好きの両親の元で育った子どもたちは料理をつくるところから見せていますから、必然的に食や料理に興味を持つでしょう。

共働きで思うように育児に時間が取れないと思っていても、一生懸命に忙しい中で家事をこなしている両親を見て育つと、効率よくやる洗濯物の取り込み方とか、掃除方法など、けっこう細かく子どもは学んでいるのです。

子どもにしてほしいことを目の前で見せる

特に幼児期の子どもたちは、お父さんお母さんの真似をしたがります。掃除機やキッチ

ンセットの玩具があるのもそのためです。このときオモチャを与えるのではなく、その子の年齢や身体にあったサイズの道具をきちんと与えてください。

はじめは失敗しますが、何度も繰り返すうちに上手になっていきます。道具を使う訓練はまさに人間脳を鍛える行為そのものです。お手伝いのようなことをさせながら、子どもをたくさん褒めてあげます。「子どもにしてほしいことを目の前で見せる」ということを意識してください。

そのとき見せるだけでなく、「どうしてこうやるのか」を説明しながら子どもと一緒にお手伝いさせてコミュニケーションをとると、これも立派な地頭力を鍛えることになります。

料理や家事は認知症予防にも効果が期待できる

料理や家事は脳のたくさんの部位を使うことがわかっています。お部屋の掃除のとき、掃除機とほうきと塵取りを使っている脳の状態を見たときには、ほうきと塵取りを使ったほうが圧倒的にたくさんの部位の活性化が見られました。

料理や家事をすることは、子どもだけでなく、脳が衰えてくるシニア世代にも有効です。

認知症予防や進行を遅らすために、料理や家事はシニアケア施設でも積極的に取り入れられているくらいです。

7　脳のセンサーは身体全身

天才はつくられる

私が「天才たちはどんな育てられ方をしたんだろう?」と興味を持って調べていくうちに、いくつかの興味深い本に出会いました。その中の1冊にロシア人で2世代にわたり天才と呼ばれる父親が自分の受けた子育てを自身の子どもに実践した本がありました。

その本では「生後1歳から7歳まで、よく発達した「運動機能」は後の知的な発達と深い関係を持つこと」が書かれていました。初期の運動機能（ハイハイ、歩く、跳ぶ、雲梯）などの能力は後になって「高度な運動機能」（絵を描く、衣服のボタンかけなど）へとつながり、指や目、脳の共同作業が複雑化し、その後のIQの伸びへと連動するそうなのです。

また脳に障害を持って生まれた子どもたちの機能回復プログラムを自ら開発し、それを健常児にも実践してみたところ、次々と天才児を育てることになった、ドーマンメソッドという教育プログラムがあります。

この教育プログラムを開発したグレン・ドーマン博士も、脳の機能回復の手始めにハイハイやぶら下がる運動を細かく積極的に取り入れていました。

全身の感覚を刺激することを生活に取り入れよう

脳はまさに人間の身体をコントロールする司令塔です。生まれて1年くらい経たないと1人でしっかり歩けない人間は、母親の子育ての過程の中で身体全身を動かし使うことで、脳を鍛えるのです。そして自分の足で一人歩きができます。

イタリアのマリア・モンテッソーリが開発した教育にも脳のセンサーである様々な身体の感覚を刺激して学ぶ教具があります。指先が敏感な時期に「サラサラ」「ざらざら」「ツルツル」等々の布切れを板に貼り付け、違う感覚を感じて遊ぶ教具があります。まさにこの遊びは脳のセンサーである指先の感覚を繊細にし、違いを認識させて、より細かい複雑な情報を処理できる能力を獲得するのです。

モンテッソーリは女医でもあり生物学者でもありました。彼女は生物学で発見されたことを人間の中にも見いだし、教育に利用した人なのです。

8　敏感期について

成長の過程で生物は自然からの課題を克服する力を持っている

発育の途上にある生命は、自然から課された難題をクリアするために、内面から押し上げてくる強い生命力を持っています。それは発育中の生物が幼少期にだけ持つ独特の強い生命力であって、自然が定めたプログラムに従って、様々な形で順をおってあらわれます。

その強い生命力は、自然から与えられたその時期その時期の課題を成し遂げさせる原動力となります。これは発育中の生物が幼少期にだけ持つ独特の強い生命力であって、自然が定めたプログラムに従って様々な形で順を追って現れ、自然から与えられたその時期その時期の課題を成し遂げさせる原動力となります。

モンテッソーリは初めて「敏感期」を教育に役立てた

モンテッソーリ教育を誕生させたマリア・モンテッソーリが、この発育中の特別な生命力をはじめて教育に利用しました。彼女は人間の幼児期に著しく見られるこの特別な力は、「敏感期」と呼ばれる生物学上の事実であることに気づき、この生物学上の事実を人間の教育に役立てたのでした。

『敏感期』という言葉は、ユーゴ・ド・フリース（1848〜1935）という生物学者が使いだした言葉で、それまでは教育の世界では馴染みのない用語でした。モンテッソーリはイタリア初の女医でもあり生物学者でもあったので、同じ生物として人間の脳の発達に重要な時期である幼児期への教育にこの言葉を使ったのでした。

「敏感期」をよく理解するために使われる毛虫の幼少期の事例を紹介します。

毛虫は誰からも教わらなくても食べやすい葉っぱを知っている

蝶は卵を産むとき、雨風をさけられる、幹が枝分かれた股の所を選びます。卵からかえった毛虫は、周りの堅い葉は食べられず、先端の柔らかい新芽しか食べられません。

では、生まれたての毛虫が、どうやってその新芽を見つけるのでしょうか。

それは、ちょうど新芽しか食べられないその時期に、毛虫は光に対して非常に敏感になるのです。そのため、明るい方へと光にひかれて上の方へ這っていきます。一番明るい枝の最先端についたとき、新芽がそこにあるのです。こうして毛虫は食べられる新芽を見つけ、たっぷり食べて成長し、大きな堅い葉も食べることができるようになります。

そして生理学的に盲目になったわけではないのに、光に対する敏感性は消えてしまいます。光に対して鈍感になり、木の下のほうに降りてきます。

このように、生物がその幼少期にある能力を獲得するために、外界のある刺激に対して特別に敏感な感受性を現し、それを習得し終わると、すっかり鈍感になってしまうことはよくあります。

敏感期とは

敏感期とは、生物の幼少期に、ある能力を獲得するために環境中の特定の要素に対して、それをとらえる感受性が特別敏感になってくる一定期間のことです。

この敏感期には敏感な感受性に伴って強烈なエネルギーもあふれだします。この生命力を利用することは、てこの原理を利用して重いものを持ち上げたり、サイフォンの原理で水をくみ上げるようなものです。逆に、この時期を利用しないと、非常な苦労をしたり、幾倍もの無駄な労力を費やさなければならなくなります。

敏感期の重要性

敏感期を逃すことは、終電に乗り遅れるか、セーターの編み落としの目をつくるようなものだといわれます。もし最終電車に乗り遅れたら、次の電車は数時間もやってきません。電車に乗る場合の数倍の時間と労力を費やして、目的地へ行かなければならなくなります。あることを習得するために内面に組み込まれた最適なエネルギーがあふれる時期を使わなかった損失は後に大きな損失になり得ます。後でしようとすれば、数倍の労力を必要とし心理的にも大きな負担になったりします。しかもその割にはうまく習得できないのです。セーターを編んでいて編み目を落としたことに気づかずに仕上げたとします。はじめは気づかないのですが、着ているうちに穴は大きくなり、全体の仕上がりを崩す原因になります。敏感期を逃すことはこれと似ています。

幼児期にすべきであったことを抜かしたとしても、ちゃんとした姿の大人になっていきます。ところが、大人になってから、不器用とか性格のゆがみなど、様々な結果として出てきます。ほとんどの大人は自分の肉体的、精神的、社会的な仕上がりの中に『編み落とし』のあることを感じています。

「敏感期に応えるふさわしい環境があったなら」と考える大人は大勢いるでしょう。

人間の「敏感期」の重要性について、言語習得はわかりやすい事例の1つでしょう。
一般的に脳の構造上、だいたい10歳ぐらいまでにネイティブの話す言葉のシャワーをたくさん浴びていると、その国の言葉の聞き取りや発音をネイティブ並みに話すことができると言われています。

余談ですが、英語の聞き取りに苦手意識を持つ日本人は多いです。それは、日本語の周波数帯が英語に比べてかなり低いのです。人間は20~20000ヘルツを聞き取れると言われます。イギリス英語は2000~12000ヘルツの範囲なのに対し、日本語は125~1500ヘルツなのです。

生まれてからの生活環境や話しかけなどで育て、この周波数帯は3歳ぐらいで固定します。11歳ぐらいでその言語の範囲内の周波数帯しか聞き取れなくなります。例外もありますが、「敏感期」を知るよい例だと思います。

生命力の強い時期に獲得したものは一生もの

このことを証明する事例を私はいくつも知っています。幼児期にアメリカで5年間滞在した生徒が、その後日本へ戻り、すっかり英語を忘れていたのですが、高校生でまたアメリカにやって来たときの発音はネイティブそのものでした。

英語はすっかりわからなくなっており、アメリカ人の高校生が何を言っているのか、サッパリ聞き取れません。しかし彼女の発音はネイティブ並みなので、誰も彼女が英語を理解できていないとは思えず、普通のスピードでどんどん話しかけてきます。

「性格が悪いと疑われもした」と後にその生徒は言っていました。結局、彼女は敏感期で習得した言語能力が刻まれていたので、とても早く普通に高校生活や学業を含めネイティブ並みにこなしていきました。聞き取りの耳と発音をする力が脳に刻まれていた証でしょう。

『敏感期』の特徴と時期を知ることが『地頭力』の鍛え方の鍵

敏感期は一時的なものですが、その一定期間をよく生き抜いた結果として得る恩恵は生涯に及びます。それは物事を習得するための『好機』とも言えます。ですから、何歳の頃に、どんな敏感期があるのかをよく知っておくことはとても大切なことなのです。

とくに幼児期の敏感期は大人には想像もつかない興味や実力を無限に引き出す力となって現れるのです。大人が子どもの敏感期の特徴を知り、生活の場面でそれを観察できる力を持つことも大切なことです。

この大事な時期に、どのような環境で何を行うかを知っておくことは『生きる力』に欠かせない地頭力の鍛え方のポイントです。

9　言語脳と数学脳

言語脳を発達させたことによって人類の文化的歴史が幕を開けた

実在しない「想像の産物」をほかの誰かに伝えることができたとき、初めて人類の文化的歴史が幕を開けたと言えるでしょう。

遺伝学的および考古学的研究によると、我々現生人類にはネアンデルタール人と共通の祖先から分かれる約60万年前には、すでに現代のような音声器官が備わっていたと考えられています。チンパンジーの音声器官に20～１００の異なる発声があると考えると、人類の祖先が主要なコミュニケーションに使っていた単語の数は、現代とはさほど変わらなかったといえます。

その一方で、洞窟の壁画、埋葬品や遺跡から発見された道具の中から現代人の想像力を彷彿させる文化的創造性は、７万年前以前には発見されていません。

長い間科学者たちは50万年間にも及ぶ現代的音声器官の発達と、現代的想像力の獲得までにいたる長いギャップに悩まされていました。ボストン大学の神経学者アンドレイ・ヴィシュドスキー博士の研究によると、それは、脳の前頭前野の発達を遅らせる突然変異だと結論づけました。

ヴィシュドスキー博士は長年、「言語」と「想像力」の脳神経プロセスを研究してきました。外側前頭前野には「記憶にあるもの」と「単語」や「文法」を統合し、まったく新しいものを頭の中で想像することを可能にする機能があることを突き止めました。

このように、記憶の中の複数の単語を意味のあるメンタルイメージとして合成するプロセスをメンタル統合と呼びます。この機能を得たことにより、ホモサピエンスは現代の人類へと続くことが可能となり、高知能を獲得できたのでした。

高度な言語力は高度な道具を生んだ

言語は長い人類の歴史で、道具や社会を進化発展させる重要な要素となります。より高度な言語を駆使することで、より高度な道具を実現しました。

今から20万年から3万年ほど前には存在していたネアンデルタール人とホモサピエンスの事例から興味深い関係がわかります。ネアンデルタール人とホモサピエンスは言語の運用能力に大きな開きがあったことがわかっています。

ホモサピエンスは利便性の高い石器を考案すると、高い言語能力を用いて子孫へと継承させていきました。こうした『言語による技術の継承』が行われることによって、世代を重ねるごとに利便性の高い石器が生み出されるようになったのです。

言語の運用能力が低かったのはネアンデルタール人でした。こうした要因が一因となり、ネアンデルタール人は3万年ほど前に絶滅しました。人の知能の高さは言語能力によって実現されたともいえます。

『数学脳』は「地頭力」のすべての土台を網羅する

「地頭力」すなわち「考える力」の重要な土台の中に『論理的思考』、『仮説思考力』、『抽象化思考力』などがあります。

これらの能力をすべて網羅するのが数学脳です。数学的思考法の土台になる脳力なのです。

数学とは全員が納得できる論理の積み重ねです。例えば、プロポーズをするのに最適な場所を都内で探しているとします。あなたならどのような方法で探しますか？　最近プロポーズをして成功した人たちを調査することも1つの手でしょう。ネットで検索、アナログ方式等々、色んな探し方があります。

ひらめきではなくて、頭の中で理論を組み立てて探すことに必要なのが数学脳なのです。

数学脳を鍛えるためには日頃の心がけが必要です。といっても、難しい公式を覚えたりするのではなく、着眼点の問題意識をし、二次元的思考から三次元、さらに高次元へと俯瞰して考える癖をつけることです。

10　数学脳は意識して鍛える

数学脳は具体物を使って指先と視覚でつくろう

数学脳は環境や体験を通して鍛えることができます。

例えば、モンテッソーリ教育の教具の中にビーズという教材があります。いくつかの段階で作業が違いますが、ビーズを10個ずつ紐に通して結び、10個ずつつながったビーズをたくさんつくります。その後10個のつながったビーズを平に10本ならべます。

そうすると、平面で１００個のビーズを並べることができます。その後、平面で１００個のビーズを10枚上に積み重ねていきます。そうしていくことで、ルービックキューブのような物体をビーズの10本をつらねた棒でつくることができます。

このように、一見単純な作業ですが、数の概念や立方体の概念を指先で使うことによって、より脳に深く刻むことができます。レゴブロックやパズルなど探せばいくらでも似たような体験をさせられるものはあります。

親御さんが「どうやったらこんな能力が身につくか？」と考えることが「大人の数学的思考」をも育てます。日常の生活をよく観察し意識して生活に取り入れましょう。

11　数学脳を強化すると、分析力・論理的思考が育つ

微積分を高校に入る前に習得することを目的につくられた公文式学習法

個人別にその子に合ったレベルのところから学習し、スモールステップで自学自習を進めていく学習法の公文式学習では、新しい概念を学ぶとき、例題の式や最小限の言葉だけ

で新しい課題に取り組みます。

年齢に関係なく、1つ前のレベルを完璧になるまで仕上げておくと、新しい課題をそれまで以前の完璧な能力を使って分析・思考して、新しい概念やルール、仕組みを学びます。

「公文式」という言葉を誰でも一度は聞いたことがあると思います。公文式は公文公氏という高校の数学教師が『息子にいかに自学自習でシンプルに微積分を高校入学前に終えることができるか?』という目的でつくられたメソッドです。

数学脳を鍛える自学自習の秘密

ここでは自学自習という言葉がキーワードで、そのために「数学」に入る前に、数学を学び理解するうえで必要な道具である計算力を完璧なレベルまで鍛えます。

例えば、家を建てるときに以前は手動のノコギリや金づちを使っていましたが、現在はほとんどが電動ノコギリや電動ハンマーを使います。数学を学ぶ上での道具である計算力を公文式では電動レベルまでトレーニングするのです。

その過程でも新しい概念を学ぶときに、最小限のヒントや例題を見ながら、過去の自学自習で身に付けたものを使い、自分の頭で考えながら先へ進んでいきます。

公文式はスモールステップでカリキュラムがつくられているので、それが可能なのです。そうやってつくられた電動道具のような計算力を使い数学という分野へ入っていくので、数学的思考やセンスが鍛えられるのです。

公文式では学年を超えて学ぶのは普通ですから、学年をたくさん超えて数学に取り組んでいる子こそ、色んな解き方を楽しんで考えたりします。

自学自習で身につく分析力・処理力・集中力

自学自習とは先生がホワイトボードに向かって、説明しながら問題を解くスタイルではありません。積極的に、少しずつ難しくなってくる問題を考えながら解いていくスタイルは、自然に思考の脳トレーニングになるのです。

毎日、集中して短時間で課題をこなしていかないといけないので、「どうやれば一番効率よくできるのか？」とも日々考えます。なので、分析力も自ずとついてくるのです。

毎日こなしていく教材スタイルなので、中学2年や3年生で公文式を終了した子どもたちは集中力や処理力も数倍高くなっています。そういう子どもたちは自ら例題とは違う解き方をしたり、複雑な問題こそ楽しんで解いているのです。

公文式創立者自らの自学自習体験と達成感が公文式メソッドを生む

公文式の誕生秘話の中に、公文公氏の学生時代の体験があります。

彼が高校のときの数学教師は一切黒板を使わなかったそうです。その先生はまず簡単な基礎のドリルを各自に配布し、個人個人で毎回自習をやらせました。1枚のプリントが終わると、また次の少し難しいプリントを与えられるそうです。

公文氏は毎回少し難しい問題を自ら考えながら解き、それが正解してまたもう少し難しい問題を解けるのが、とても楽しかったと記憶に残っているそうです。そして、そのとき勉強した内容はしっかりと身に付いていると自覚したと言っています。

自ら能動的に取り組むことで達成感を味わい、そのときに快感ホルモンが脳に蔓延する感覚を肌で感じたのです。金銭的な報酬があるわけでもないのに、人がゲームに夢中になるのは、この達成感と快感ホルモンが大きく影響しています。この状態を味わうと中々抜け出せません。

しかし、普通は面白くないとされているお勉強がこのサイクルに取り込まれることは誰でも大歓迎です。自ら獲物を狩りに行くように「自学自習」で学ぶスタイルは脳の生理学にかなった地頭強化の手法です。

第4章　地頭が強化された子どもたちは、何がどう違うのか？

1　集中する力が5～6倍アップ

「地頭力」を鍛えられた子どもたちはあらゆることに興味津々！

「地頭力」すなわち「考える力」を強化された子どもたちは、非常に高い集中力を持っています。彼らは日常から常に考えながら行動をしています。たくさんのことに常に興味を持っていますので、『何故？』『どうして？』『いつ？』『これ、面白い！』などと頭の中で、自問自答をしています。

「地頭力」を鍛えられた子どもたちは、あらゆることに興味を持つようになっていますし、その興味をもっと深く追求しようとします。この欲求を満たすためにはダラダラと時間を費やしていても時間は足りません。彼らは本当に効率よく時間や場所などを上手に使って、その欲求を満たそうとします。

「地頭力」強化には『デッドライン』を決める

地頭を鍛える単純な方法の1つに物事の行動に『デッドライン』を設けるというのがあ

ります。どんな人でもゲームをやるときに制限時間があると、必然的に集中せざるを得ないと感じます。それゆえ時間や行動に制限を加えられているので、ゲームは面白いと思えるのです。

「地頭力」の鍛えられた子どもたちは、自分で締め切り時間や日を決めるのです。こうすることで、オン・オフが明確になり、「今日の３時までに宿題を終わらせよう」と決めれば、「どうやって片づけるか」を考えながら集中して取り組みます。

こういう子どもたちは好奇心旺盛な子たちでもあるので、やるべきことをダラダラとやらないのです。たくさんの色んなことに興味を持つ子どもたちは、やるべきことが常時たくさんあるので、効率よく集中して取り組むのです。

そして、このことが好循環をつくり、集中力強化へのアップスパイラルへと導かれていきます。

高校の数学を解く小学生は通常とは違う解き方を発見し楽しむ

以前、私がある小学３年生の生徒に高校の数学の問題を解かせていました。彼は、私に採点してもらうときに、ニンマリした笑顔で「こんな感じで解いたよ！」と言わんばかりに解答を見せました。彼の問題の解き方は普通の解き方とは違ったアプローチの仕方で正解を導きだしていたのです。

もちろんそのとき、彼は普通の解き方も知っていましたが、私に挑戦するかのように、わざと別の解き方をしてみせたのでした。私は彼の深い思考力と数学のセンスが身に付いていることをたくさん褒めました。

彼はどうやって違う方法を思いつき問題を解いたのかを楽しそうに私に語ってくれたのを今でも鮮明に覚えています。

難しい問題をむしろ楽しむ思考力の高い子どもたち

思考力の高い子どもは、複雑さを楽しんでやります。彼らにとってはじめは難題でも集中して自分の全知識や脳パワーを全開にして取り組むので、次のときにはその難題は簡単なものになり、また次のレベルの難題に挑戦して楽しみます。自ずと集中する力がパワーアップするのです。

地頭強化された子どもたちがなぜ集中力5～6倍アップなのかと言うと、明らかに2倍、3倍レベルではないからです。

1万人以上の子どもたちを見てきての経験値のデーターからくる5〜6倍という感じです。もちろん、10倍以上の子たちもたくさんいます。

地頭力が強化された子どもたちは集中のオン・オフが素早い

彼らは時間を有効に使うための工夫をいつも自然体で考えています。集中力が高いので、部屋の明かりのスイッチをオン・オフするように、素早く頭を切り替えることができます。そのため、彼らは隙間の時間でもたくさんのプロジェクトを行ってしまうのです。

私の娘はベッドに座りラップトップで論文を書きながら、私のパソコンのトラブルを瞬時に解決してくれます。マルチタスクや問題の処理能力はずば抜けています。さっきまでリラックスしていたと思いきや、次の瞬間はタスクをこなしていたりします。車のアイドリングや徐々にアクセルを踏みながら一定速度に持っていく時間が彼らには必要ないのです。ＵＦＯの瞬間移動のようにタスク間を移動します。

やりたいことや興味のあることが多く、直面する行動が肉体年齢を超えているわけなので、限られた時間でどう処理するか常に思考しています。そのため必然的に脳を鍛え、高い集中力をも自らトレーニングしているのです。

2　直面した課題への解決能力の高さ

テクノロジー技術の進歩で起こる革新と進化で問題も複雑化

現代社会では様々な変化と革新が起こっています。常識だったことが、テクノロジーや生活様式の変化ですぐに非常識になる時代です。

家や建物の中でしか通信できなかった電話が、今や携帯のおかげで場所を選ばずほぼできます。以前は会社のコンピュータ室にしかなかったコンピュータがパソコンの出現で1人1台、スマホの発明で手のひらサイズまでになりました。それに伴い課題も多く複雑になっています。

今までの社会での『頭がよい』はもう通用しない

今までの教育の上で「頭がよい」と評価されてきた人たちは、これから通用しなくなります。これまでの教育で高く評価されたスキルは、与えられた問題を教えられたとおりにそつなくこなすことでしかありませんでした。また、たくさんの知識をひたすら覚え、記憶することに比重を置いた教育でした。

しかし、これらの作業などは、まさにコンピュータやＡＩが得意とする分野なのです。すでにご紹介した米デューク大学の研究者であるキャシー・デビッドソン氏が２０１１年８月、ニューヨークタイムズ紙のインタビューで語った予測にも現れています。「２０１１年の秋に小学校に入学した子どもたちの多くは、大学卒業時に今は存在していない職業につくだろう」と語るのです。

昔の時代を振り返れば、このことは起こり得ることでしょう。例えば５００年前の印刷技術の発明の前には、写生僧という本を写し書きする高貴な職業が存在しましたが、印刷術によってその仕事はなくなっています。

正解のない難題に挑む『考える力』が必要不可欠！

１人ひとりが手のひらサイズのコンピュータを手にした現代では、すべて詳細を覚える必要はなく、検索のやり方を覚えることが大切になってきたのです。このネットなどの情報を拾い、ある程度は課題を解決していけるでしょう。

しかし、今では巷の情報だけをたよりにコピペで論文を書き、実証や検証もせずにいる

『コピペ族』なる研究者が山ほどいます。

ＡＩの普及でどんどん仕事が取って代わられる時代なのです。第四次産業革命以降、世の中の問題は複雑化しています。正解のない難題に直面することが多くなるのです。

これから本当に大切になってくるのは、ネットやＡＩでは代替えが不可能なエリア、本当の意味での創造的な「考える力」すなわち『地頭力』が必要なのです。

人間自身の脳の司令塔は前頭前野

地頭が強化された子どもたちは、人間が人間である所以の前頭葉といわれる脳の場所が発達しています。思考系を司る脳は左脳・右脳それぞれの前頭葉の部分に位置しています。前頭葉とは、大脳のやや前方にあり、思考や意欲、創造力など高度な機能を司る部位のことです。

ですから、思考系脳のこの部位は、「こうなりたい」と強く望んだり、集中力を強くしたりする機能が集まっているのが特徴です。

また、この前頭葉、特に前頭前野はその人の将来のビジョンに対応しやすいという特徴もあります。「勝ちたい」「儲けたい」「モテたい」と強い思いを持っている人ほど、その目標を実現するために、理解系・聴覚系・視覚系・記憶系などの脳の部位に向けて、必要な情報を取りに行くよう指示を出します。

人間自身をコントロールする脳の司令塔でもあるここが強化されているので、クリティカルシンキング能力が高いのです。

変革の時代を生き抜く鍵はクリティカルシンキング「問題解決能力」

クリティカルシンキングは問題解決能力とも言われ、アメリカではかなり以前から意識して幅広い年齢層にこの能力を磨くカリキュラムが取り入れられています。

本来クリティカルシンキングとは物事の本質を見極め、柔軟な発想で論理的に思考することです。ここでは「柔軟な思考」というのが鍵なのです。

テクノロジー技術の発展で世の中の変化は年を追うごとに早くなってきています。問題の種類や難しさも複雑化してくるため、今までの常識にとらわれない発想の思考が求められてくるのです。

失われた30年と言われる経済の低迷を脱出すべく、日本でもようやく注目を集めるようになりました。

新しい時代のＡＩにはできない創造力が強みの「地頭力」

テクノロジーの変化で消えていくたくさんの仕事があります。その中でも世の中に必要とされ貴重価値があり、新しい仕事まで創り出すことのできるのが『地頭力』を持った子どもたちです。

『頭のよさ』とは3種類あります。1つ目は記憶力がよく何でも知っている「物知り」タイプです。もうこのタイプの「頭のよさ」は過去のものになりつつあります。グローバル化したインターネットの発達で検索エンジンに取って代わられるようになりました。

2つ目は、対人感性が高くて人の気持ちを瞬時に察知でき行動できる「機転がきく」タイプです。

そして最後3つ目のタイプが数学の問題やパズル・難問解決が得意な「考える力」が強い「頭のよさ」です。

この3つ目の「頭のよさ」が「地頭がいい」ということで「地頭力」の定義といってよいでしょう。「地頭力」を鍛えることがクリティカルシンキングを強化することにつながるのです。地頭力の大事な土台となる「論理的思考」「知的好奇心」「仮説思考力」「抽象化思考力」「直観力」等々、様々な思考パターンを駆使して問題に挑むので、自ずと解決能力が高まるのです。

　時代の変化のスピード化に伴い、これからの社会になくてはならない人材が『地頭力』の強い「頭のよさ」を持った人材なのです。

３　思考力の高さは「やり抜く力」の高さ

『地頭力』の高い子どもは粘り強い

　『地頭力』が高い子どもたちは、とても粘り強いという法則にたくさんの子どもたちを育てていて気づいたのです。

　はじめは普通であったり、学年についていけないレベルの子でも『地頭力』が強くたくましくなると、高いチャレンジに喜びを感じ、なかなか諦めないのです。学年を超えて行けばいくほど粘り強さは増すのです。少しだけ難しい問題に取り組むときは集中力をうまく利用して思考を巡らすのです。

　他人にすぐ正解を聞くのではなく、自分の頭で考える癖をつけることが「やり抜く力」を高めるのです。私はよく子どもたちに「頭に汗をかきなさい」とよく言います。正確には「脳に汗をかく」という感じです。

脳はすでにマスターしたことに対しては、何の負荷もかからずやってのけます。通勤でのドライブのとき、「仕事場へ行く」と脳に司令しただけで、後は対して意識もせず身体が反応して目的地へと運んでくれます。

逆に少し難しい負荷をかけると、脳は今までの経験や知識を総動員して思考を巡らせ、問題解決にチャレンジします。だんだんと難題に取り組むうちに思考も複雑化し、解決にいたる時間も長くなります。集中力の質も時間も強化されます。そして、難題が何度ものチャレンジの末、解決されると強い達成感と幸福感を味わいます。このとき脳に沢山の快感ホルモンがでるのです。

「人はなぜ山に登るのか?」「なぜマラソン選手はあの長い距離を肉体の限界に挑戦してまで走るのか?」の疑問は達成感の後の幸福感(快感ホルモン)が解決してくれます。この快感ホルモンや幸せホルモンとも言いますが、この快感は味わえば味わうほど強く作用します。これらは中毒性があるのです。いわゆるランナーズハイでもあります。

地頭力の高い子どもたちはゲームを味わうように思考を楽しみ、チャレンジをし続け、このよい連鎖で「やり抜く力」をより高く磨いていくのです。

4　なりたい自分が早い時期にわかるようになる

思考脳力の高い子どもたちはより広い世界観を広げる

思考脳力の高い子どもたちは、幼い頃からあらゆる世界に興味を持ち、自分で調べ研究し「ああでもない、こうでもない」と考えを巡らせ思考で遊びます。その後実際にやってみたりして体験、経験を通じてより広い世界観を広げていきます。

中学生ぐらいになると一般的な教養、つまりリベラルアートは卒業し、より専門性の高い分野に興味を持ちはじめるのです。小学生の頃までにたくさんの本を読み、興味あることにぶつかると調べて、体験を積み重ねていきます。

中学を卒業する頃に、思考脳力の高い子どもたちは、大学で勉強したい分野や興味ある職業がだいたい決まっています。

アメリカの大学の学士号の習得年数の平均は5年半だと言われています。４年制の大学なのに、卒業まで平均5年以上かかるのです。中には卒業できない学生もたくさんいます。大学２年生までは学部や専攻を決めずに学べるからです。

たとえ学部を決めて入学してもその後の変更も可能です。専門性が早い時期に絞られてないと、ここで無駄な時間を費やすことになります。

この大学の時期はすべてが無駄とは言えませんが、中学卒業時に特に興味を持つ分野が絞られている子どもたちは、その分野でずば抜けたスキルや研究を成し遂げます。

5 利己主義ではなく、他人への思いやりのある行動をとる

圧倒的な地頭力の高さは他人への思いやりが強い

脳力の可能性を広げるには、「どんどん学年を超えて知力を伸ばしたほうがよい」と親御さんたちに話します。そうすると半数の親御さんたちは「そんなに先に進めると学校がつまらなくなり、教師を軽くみたり授業を妨害するのでは?」と反論する方がいます。ほんの少し先のことを知っているくらいのときにはそういう生徒もいるでしょう。

しかし、私が見てきたたくさんの圧倒的な地頭力の高さで、高いレベルに達した子どもたちは他者への素晴らしい思いやりの行動をとるのです。

ある少女は災害にあった被災地で電気がなく暗闇で途方にくれている被災者を知って、

人間の手のひらの暖かさで電気をつくる仕組みを発明し、懐中電灯をつくりました。中学で飛び級をして大学に通う男の子は、大学生にわかりやすく丁寧に微積分を教え、「生徒の目線でわかりやすく教える家庭教師」として人気者になりました。色んな事情でホームレスになった人々の存在を知り、フードバンクの非営利団体を立ち上げた小学生もいます。

地頭力の高い優秀な子どもたちは、物事を平面でなく多面的に観察し、抽象度の高い考え方で問題をとらえます。例えるなら、ドローンカメラの目線で見ることができるのです。

そこには、問題の本質が見え、本当の解決策をとろうとし、その結果他人や社会への思いやりのある行動につながるのです。

6　健全な脳は高い健康意識を生む

先進国での経済力と健康意識の関係

先進国では経済力と健康の関係は切っても切れない関係です。特に医療費の高額なアメリカでは予防医学が進んでいます。高学歴の家庭では生活の中で病気にならない生活習慣を心がけるようになります。

その理由は、企業に就職するときや昇進に自己管理能力という項目がかなり影響を与えるからです。高学歴で高い収入をとっている人たちは、人生で高いパーフォーマンスを実践するために健康に人一倍気を遣います。

また能力の高い子どもたちは概して幼い頃から色んなスポーツに親しみ身体を鍛えています。アメリカにはある特定の私立学校を除いては学校にプールはありません。水泳はほとんどアフタースクールで学びます。テニス・サッカー・野球・フットボールなどもわりと幼い頃から学校外でチームに入り練習します。

日本のように、部活は希望すれば、だいたいは、どこかのスポーツクラブに入れますが、中学、高校と規模が大きくなるにつれ、選抜テストに合格しないと希望のスポーツ活動がしにくいため、幼いときから鍛えます。

運動は脳から『幸せホルモン』を放出する

特に大人はもちろんですが、発達段階の子どもたちにとって運動はＩＱを高めることがわかっています。また運動をすることで、脳は神経伝達物質の１つであるドーパミンを出します。このドーパミンは報酬中枢である『側坐核』というところから放出されます。

これが出ることにより、運動の後は爽快で心地よい気分になるのです。ドーパミンには集中力を高め、自制心を高める作用もします。

スポーツをすることで、身体も健康で強くなり同時に脳内ホルモンを促し、それが「集中力」「忍耐力」を高め、アカデミックな分野にもよい影響を与えます。このことは心身ともに健康で幸せに人生を歩めるまさによいサイクルなのです。

地頭の強化された子どもたちは人生のパーフォーマンスを上げるために、健康であることの大切さを知っていますので、脳へのよいサイクルを続けていけるのです。

地頭力を鍛える生活を送るということは、人間脳と言われる『前頭前野』を鍛えることです。この部分と深い関係にあるのが、人生を豊かに幸せに生きることに直結している「人との交流」「集中力」「運動」「食欲」「他人や業績などで褒められたときの快感」などに影響する『報酬系』です。

運動は好きなことに没頭できることと同じくらい集中力を高められる

脳の報酬系システムは驚くほど強力なメカニズムで、我々人間をある種の行動へと駆り立てる原動力です。報酬と関係のある部位は幾つかありますが、普通は『側坐核』が報酬中枢と言われています。この『側坐核』は脳内の様々な領域とつながっている細胞がたくさん集まったもので、大きさは豆粒ほどです。この場所から「報酬」であるドーパミンが分泌されると、人間は心地よい気分になるのです。

人は美味しい物を食べたり、友達と交流したり、また運動などをするとドーパミンの分泌量が増えます。ドーパミンが沢山放出されるとポジティブな気分になり、その行動を繰り返したくなります。

なぜ脳はこう言うメカニズムにしたのか？

答えは簡単で人類が進化の過程で、こう言った行動をすることが生存確率をあげ、次の世代によりよい遺伝子を残せるからです。運動も遠くまで獲物を捕りに行ける筋肉を鍛え生存率に直結しています。

前頭葉は運動で何より強化できる領域の1つです。運動を習慣にしている人の前頭葉は他との連携が強くなり自制心が強くなります。また運動で前頭葉で新しい血管がつくられると、老廃物が綺麗に取り除かれるという利点もあります。

このように運動により、報酬系の快感ホルモンであるドーパミンが多く分泌され、それにより集中力が強化され、自制心も高まり、自身の健康維持に多大に貢献するのです。

第5章

地頭を鍛えることで、人生を100倍楽しむ

1　ＡＩの歴史とディープラーニングの誤解

ＡＩ誕生は１９５０年代後半からはじまった

ＡＩという言葉が登場したのは、１９５６年アメリカ東部のワークショップで「人間のように考える人工物」という意味で使われはじめました。

数学の定理を自動的に解くプログラムが第一次ＡＩブームのはじまりで、60年代まで続きます。その時代の研究は推論と探索により問題を解決する研究が主流でした。複雑な迷路やパズルを解くことはできましたが、もっと複雑で込み入った事象が絡み合う病気の診断や治療法の提示などには、まだまだ役に立たないものでした。

専門分野に特化した第二次ＡＩブームの到来

１９８０年代に入り、第二次ＡＩブームが到来します。この時期にはコンピュータに専門的な知識を学習させて、問題を解決させる研究が主流になりました。エキスパートシステムという専門性に優れた実用的なシステムがたくさん世に出てきました。

しかし、これもすぐに壁にぶつかります。医療診断で言えば、症状の曖昧な表現や数値化できない痛みの表現など、データ化できない難題が山積みでした。

あらゆる分野の専門家に取って代わるＡＩには、膨大な時間や資金を必要としました。

ですが、人間独特の曖昧な表現や社会の常識などを体系化し言語化してコンピュータに学習させることは困難でした。そのため第二次ＡＩブームは下火になっていくのでした。

現代人が生きている第三次ＡＩブーム

そして、私たちの現代がまさに第三次ＡＩブームと呼ばれています。

１９９０年代半ばに検索エンジンが登場し、その後インターネットが急速に普及しました。

皆さんもご存じのとおり、２０００年代にはインターネットが加速度的に広がり、ウェブ上に大量のデータが増殖したのです。

２０１０年代半ばに第三次ＡＩブームに火が再びついたのでした。論理に基づいた考え方は第二次ＡＩブームで壁にぶち当たり、第三次ＡＩブームでは機械学習という統計的な方法論がＡＩに用いられていました。

ディィープラーニングの導入で飛躍的に伸びる機械学習

機械学習の一領域であるディープラーニングが加えられることで、ＡＩの精度や応用範囲が飛躍的に進歩したのは事実です。物を認識させるＡＩの場合、どの特徴に注目させるとよいかということ自体をディープラーニングでは機械（ＡＩ）に学習させます。

画像認識の技術と膨大な情報処理の能力で、今まで膨大な費用と時間がかかっていた、ある物の認識を定義する教師的なデータを簡単に低価格でできるようになったのは、ディープラーニングの貢献によります。

しかし、世間一般に思われているように、ディープラーニングが「大量のデータを与えれば、ＡＩが自動的に学習し人間が考えつかないような答えを出してくれる」というようなシステムでは決してありません。

一定のフレームの中で十分すぎる必要な教師データをインプットすると、人間がこれまで試行錯誤していたところを含めＡＩが調整吟味することで、今までの伝統的機械学習に比べ、時間とコストを抑えることに成功した感じのものです。

チェスやゲームのルールのように、限定されコード化しやすい条件では、推論と検索は機械学習が本領を発揮できるのです。

しかし、条件が簡素化できない現実の問題には、とても対応できず無力だったのです。

２　ＡＩ時代は人間脳を分析したからやって来た

シンギュラリティがそこまで来ているというのは錯覚

現在の世の中は、ＡＩという言葉で溢れています。その中でも現在一番人々の興味を集める言葉はシンギュラリティ（Singularity）でしょう。

一般の数学やＡＩの専門家でない人々がシンギュラリティを語るときには「果たしてシンギュラリティはやって来るのか?」と使われます。ここでの意味は【「本当の意味でのＡＩ」が人間の能力を超える地点】というような意味で語られています。

グーグル・ディープマインド社によって開発された「ＡｌｐｈａＧＯ」が囲碁の世界王者イ・セドル氏に勝利したり、ＡＩがチェスの世界チャンピオンに勝利したニュースが駆け巡ると、私たち一般人はシンギュラリティがすぐそこまでやって来ていると勘違いをします。

名人を将棋ソフトのポナンザが破ったなどＡＩがその道のプロを負かす事実が増えるた

びに、シンギュラリティがもうそこまで来ているのではないかという錯覚に陥るのです。

しかし、ＡＩがチェスの世界チャンピオンに勝つことと、真の意味でのコンピュータ（ＡＩ）が人間の能力あるいは知能を超えるということは次元の違うことです。「人間の能力を超える」という定義がそもそも複雑でよくわかってないのが現実なのです。

シンギュラリティの本来の意味とＡＩの限界

シンギュラリティの本来の意味は「非凡、奇妙、特異性」などです。ＡＩ用語で正確には「technological singularity」という用語で「技術的特異点」という意味で訳されます。本当の意味でＡＩが人間の力をまったく借りず、自律的に自分自身より高い能力のＡＩをつくり出せるようになった地点のことを言います。

ＡＩが人間に勝ったチェスや囲碁のようなゲームアプリでも、まず大量の情報を人間の力を借りてＡＩにインプットしなければならないのです。「ＡＩが人間の力をまったく借りず」という本来の意味から大きく外れるのです。

その意味で数学者やＡＩの専門家は本来の意味のシンギュラリティは来ないと言っているのです。

ＡＩブームは長い冬の時代を経て春の時代へ

ＡＩ（Artificial Intelligence）とは人工知能で、知能を持ったコンピュータという意味で使われています。ＡＩブームは１９６０年代と１９８０年代に起こりました。第一次ＡＩブームと呼ばれる１９５０年代後半から１９６０年代は、推論と検索により問題を解く研究が多くの研究者たちの間でブームになります。

そのおかげで、後のチェスのアプリの原型となるパズルや迷路を解くことは実現しました。この方法を「プランニング」と呼び、ＡＩの原型となります。

しかし、この方法では病気の診断や治療法を提案することはできません。パズルや迷路とは比較にならないほど複雑化した事象が絡み合う現実の問題を解決することは期待できませんでした。

そして１９８０年代に第二次ＡＩブームに突入します。エキスパートシステムという専門性知識をコンピュータに学習させる方法が全盛を迎えます。

しかし、ここでも医療診断のエキスパートシステムでは数値化できない人間特有の曖昧な表現が大きな障害でした。ブームのたびに技術上の壁にぶつかり長い間「冬の時代」が続いたのです。

２０１６年以降ＡＩ研究は第３のブームが起き、「春の時代」を迎えています。

ＡＩの得意分野だけで人間の知能を使うのは勿体ない

２０４５年にはＡＩが人間を超えるシンギュラリティが来ると豪語する学者もいますが、コンピュータは基本的に計算をやっているわけで、人間の知能の原理を数学的に明らかにして再現できなければ、その日はやってこないのです。

しかし、ＡＩがディープラーニング技術をもってＡＩが得意とする分野で、我々人類を助けることは大いにあるのです。

そのときにＡＩが得意とする分野だけで人間の英知を使っているのでは勿体ないし、それこそ一昔前の時代に必要とされた能力では仕事も人工知能に奪われるでしょう。

３　地頭を強化すれば、可能性は無限大

ＡＩ技術の進化は目覚ましい進化を遂げているが、人間の処理力のほうがはるかに優秀

ＡＩ（人工知能）が進化して人間の知能を超える時代が果たしてくるのでしょうか？

このことは、今のところＡＩがコンピュータ上で実現されるソフトウエアである限り、ありえません。

ＡＩ技術として近年目覚ましい発達を遂げている技術に、音声認識技術、自然言語処理技術、画像処理技術などがあります。これらを使って、アップル社のＳｉｒｉ（シリ）などは人と受け答えをし、あたかも自分で考えて答えを出しているように錯覚をしますが、人間の脳がやっている処理力からすると微々たるものでしかありません。

ディープラーニングは脳を模倣しているからと言っても、脳を模倣した数理モデルを作成するのは人間です。人間の社会に役に立つＡＩ技術を考えるのは、正しい感性を持った人間が考えなければならないのです。

「人の幸福の数値化」ができない現代数学では、人の考える脳力を抜きにしたＡＩ技術はありえないのです。

ＡＩ時代には現在の多くの人々が現存しない職業に就く

それでもＡＩ時代の到来で人間がやっていたかなりの仕事がＡＩに奪われます。30年後ぐらいには多くの人たちが現在存在しない職業に就くとも言われはじめました。このＡＩ

が対処できない新しい仕事はＡＩに仕事を奪われた人々の新たな仕事に変わるとは限りません。

以前、産業革命でオートメーション化された時代に単純作業をしていた勤労者たちは一気に仕事を失いました。その後、徐々にホワイトカラーという新しい労働者階級が生まれ、その新しい階層にあった教育現場が増え、そこを埋めていったのでした。

このように時代が大きく変革していくときには時差が生まれます。地頭を強化していれば、世の中のどのような変化にも瞬時に対応できます。思考脳がフル回転していますから、時代の変化すら感じとれます。

ＡＩ技術が一番不得意である柔軟性や正解のない問題への対処法などに、地頭力の強化は抜群の威力を発揮するのです。

ディープラーニング技術の2つの限界

ＡＩすなわち人工知能の根拠となるディープラーニング技術には限界があるのです。ディープラーニングはアルゴリズムとビッグデータからなり、信用できる十分なデータがないと正確な判断を下せないのです。そして、「どうやって判断を下したか？」という思考プロセスを理論的に説明できません。

ＡＩ技術は規則性のある現象を予測し、パターン化された大量の知的作業は得意ではありますが、無秩序な現象が発生すると太刀打ちできないのがＡＩなのです。

もう１つのＡＩの限界はシミュレーション能力の限界です。１台のコンピュータができるシミュレーション能力は、人間の脳神経細胞の一個分しかないと言われています。

人間の脳は１０００億以上の神経細胞で構成されているので、人間の脳に同等レベルにするにはコンピュータを１０００億台連結させる必要があります。言い換えれば、それほど人間の脳の可能性は無限大に限りなく近いのです。

人間がＡＩ技術に仕事を奪われないようにするには

今後ＡＩ技術が飛躍的に進歩してもＡＩに仕事を奪われないためには、どのようなことをすればよいのでしょうか？

以前にも述べたように、ＡＩの限界を知り人間が得意とする脳の力を鍛えるに他ならないのです。

10年後から20年後、ＡＩ技術の発達しても残る仕事はどんなものでしょうか？

例えば、営業職、データサイエンティスト、介護職、カウンセラー、コンサルタント等々です。

では、それでも残る仕事の共通点は何なのでしょう？

それはコミュニケーション能力や理解力を求められる仕事であったり、柔軟な判断力を求められる仕事になります。一見複雑に見えても数式やコードかできる仕事内容はＡＩ技術の得意とするところです。

反対に、単純のように見えるが実は不規則な要素や曖昧な感覚を必要とする仕事が人間脳の得意とするところです。これらはＡＩ技術ではまさに不得意な分野なのです。人間社会に存在する問題を柔軟な思考で判断する能力です。

まさにこの分野を得意とするのが地頭力なのです。

次世代の産業形態に適応する人材育成のための新しい教育が必須

社会にとって最も重要なことは、ＡＩ技術に仕事を奪われたほとんどの人が前例のような仕事や新しく創造される人間にしかできない仕事に、上手に移行できるかということになります。

このような社会に対応するには、次世代の産業形態が必要とする人材を育てなければなりません。第三次産業革命時代に必要であった正解のある問題に答えるような暗記重視の教育から大きく転換しなくてはならないのです。

人間にしかできない複雑化し、不規則的でコード化できにくい問題などの解決能力を鍛える教育に移行しないといけないのです。

4　マインドの使い方をマスターすれば、人生150歳も怖くない

人類の平均寿命の延び方は予防医学や波動医学で急速化する

現代の人類平均寿命の延び方は急激に長くなっています。日本人の明治・大正の平均寿命は44歳。１９４７年には50歳。２０１９年には男性81歳、女性87歳まで延びています。

これからは近代医学にもパラダイムシフトが起き、今までの対症療法ではなく予防医学や波動医学の発達で、どんどん寿命は延びることでしょう。

私が子ども時代だった頃の50歳と現在の50歳は明らかに見た目や運動機能が違います。

ではこの数十年に何が変わったのでしょうか？　医療や生活習慣でしょうか？

マインド（意識）の変化で人はどんどん若くなる

一番の変化はマインドの変化です。テクノロジーや科学的な解明でも明らかなように、人間の寿命はおおよそ１２０年だと言われています。現実社会でも優に１００歳を超えても元気に暮らしている人々が周りに増えると、マインドはこれを普通であると認識します。人生１２０歳と意識して毎日を暮らしている人たちにとっての50歳と、人生60歳だと思って生きている人々の50歳は、明らかに見た目すなわち細胞レベルでも変化しているのです。

「病気」とは気持ちが病むと書きます。気とは『思い』、すなわちマインドのことです。以前にも述べたように、脳は身体の司令塔だと説明しました。健康も病気も、あなたの身体はすべて脳に支配されているということなのです。たとえ人生１５０歳が来たとしても、健康を考えるにあたって最も大切なのは脳なのです。すなわちマインドの使い方や仕組みを理解することです。

「自分は健康だ」「悪くなる」「よくなる」など頭で思いイメージすることで、身体１つひとつの細胞に影響を与えます。頭に思い描く、どのような情報にリアリティを感じているか、つまり脳で情報をどのように処理しているかによって、身体の状態が明らかに変わるのです。

イメージでがん細胞を小さくした男の子

かなり以前にこんな話を本で読んだことがあります。小児がんで手術の難しい場所に腫瘍ができた患者の男の子に、イメージ療法という方法をとりました。その男の子のがんの腫瘍は手術ができない脳の奥深い場所に位置していたため、医師たちは治療方法に大いに頭を悩ませました。そこでイメージ療法を取り入れたのでした。

医師はがんのメカニズムをその男の子に優しい言葉で説明しました。そして、自分を小さくして血管の中に入り、腫瘍を小さくするビームを発射する戦士になってもらい、がん細胞をやっつけるイメージを詳細にできるように助言し、自分自身で治療するということに意識を向けさせました。

このようなイメージをクリアに持てるように指導し、本当に腫瘍を小さくすることに成功したのでした。

思い込みや強い信念が現実化することは、認知科学の理論では常識です。「病は気から」とも昔から言うように、「気」即ち「マインド」の持ち方や考え方で人生の質や長さを変えることができるのです。

そのことがわかったのなら、それを実践しないのは勿体ないことです。心や気持ちを操る脳をハックして、その機能のベースになる地頭力を鍛えることが、人生150歳をも実現可能にしてくれるのです。

5　地頭トレーニングに旬はあるか？

地頭力の一番のベースは好奇心

地頭力を鍛える大きなメリットをここまで述べてきたのですが、その鍛える時期についてはどうなのでしょうか？

結論から言うと『旬は、あると言えばあるし、ないと言えばない』です。

地頭力の一番のベースとなるのは、知的好奇心です。ここでの好奇心には2種類あります。よく2歳児が親に質問攻めに使う「なぜなの？」と「なんなの？」です。「なぜなの？」は「疑う心」で「なんなの？」は「知識・情報の欲求」です。

幼児はこの2種類の好奇心をフル回転させ、毎日思考しながら生きています。ほとんど

てています。の幼児が体験する日常は新しい体験や発見の連続なので自然に地頭力に大切な好奇心を育

学校入学と同時に「疑う心」は追いやられ「知識・情報依存」が主に鍛えられる

学校に入り、今までの学校教育のやり方や社会生活で「疑う心」はどんどん追いやられ、「知識・情報依存」の思考回路が重点的に鍛えられます。社会人になると、ネット情報にあふれ、コピペ族のように「疑う心」を完全に失って、問題解決力をなくした脳になってしまうのです。

そういう意味では幼児は地頭力をより簡単に深く鍛えるのに旬の時期であり、生まれてから直ぐに意識して鍛えるのが最も効果的であると言えます。しかし、「その時期を逃すと手遅れか？」と言うと、そういう訳でもありません。

学校の教育システムを暗記型人間製造型から問題解決力や思考脳を鍛えることに重点を置いた教育システムに変えれば、何も問題はありません。アメリカ教育は全般に日本に比べ、自分で考えないとできない課題や問題を多く出す傾向があるように思います。正解が1つとは限らない問題なども出されることがあります。

学校の評価も「授業への参加度」や「宿題の内容や提出期日」などが、テストよりも少し大きく評価されます。自分で能動的に参加し取り組む勉強スタイルでないと評価がもらえないような形態に変えていくだけでもかなり効果があります。

これからは地頭力が優れている人材が求められる

ＡＩ時代に取って代わられる職業に就く人材はもう必要なく、新しい社会に残る仕事への人材が必要になる時代がそこまで来ています。今まで長く安定していたり、憧れだった職業も時代の流れとともに気が付いたらなくなってしまっていることは過去にもたくさんありました。もちろん、今までに存在しなかった職業もたくさん生まれるでしょう。

これらの事象を考えても、これからは地頭が優れている人々が新時代の社会にとって求められる人材になることは間違いありません。人間にしかできない創造力を持った地頭力を鍛えればよいのです。

以前までは脳は加齢とともに衰えていくだけだと考えられてきました。しかし、シニアの脳でも経験や思考を続けたり、刺激して鍛えることで脳は活性化していることが発見されました。脳のメカニズムを理解し使い続けることで成長することはできるのです。

脳の発達にタイムリミットはありません。死ぬまで発達し続けることができます。

6　人生150年時代が来れば、今の大人もまだ子ども！

89年で人類の平均寿命はなんと2倍になった

１９２５年の頃の平均寿命は男性42歳、女性43歳。１９６０年では男性65歳、女性70歳。２０１４年では男性は初めて80歳を超え、女性は86歳になりました。なんと、89年間で男女の平均寿命は2倍になったのです。

現在、不治の病は存在しますが、医学や科学の進歩で人類は過去の「不治の病」を克服してきました。世界初の抗生物質ペニシリンが発明されてから、人類の平均寿命は飛躍的に伸びました。生活スタイルの変化や食事の質も大幅に進歩したことも寿命をのばした大きな原因でしょう。

脳の寿命は２００年

脳機能の研究も進み、脳の寿命は大体２００年だと推測されています。アルツハイマーのような病気になることはありますが、これも医学の進歩で将来克服されるでしょう。あと10年長生きすれば寿命が30年延びるのも夢物語ではありません。

もし人生150年時代がくれば、75歳は折り返し地点です。70代、80代は働き盛りなのです。

約100年前ぐらいの日本人の平均寿命が42歳前後だったことを考えると、その当時の日本人にとって現代の寿命は想像すらできないでしょう。

しかし現在の平均寿命が80代後半と考えると、近い将来の人生150歳は十分あり得ることなのです。過去のイメージから来る50歳代60歳代は未来のそれとは大きく異なります。

この新しい社会での人生150年として生きる自分の人生設計が柔軟にイメージできる人はワクワクすることでしょう。

本書の読者の方々の中には「人生150年何てとんでもない！」とネガティブになる方もいるでしょう。けれども「地頭力」を鍛えると、ネガティブ思考は吹っ飛んでしまいます。

脳の機能の関係で地頭力がしっかりと働いている人は前向きな思考ができ、人生の試練にぶち当たっても、それを成長の踏み台として考えることができるのです。

この正のスパイラルは人生を豊かにし、余裕さえもたらします。

7　脳力の余裕は人生の余裕

ＡＩ時代と超高齢化社会の中で人間らしく幸せに生きる鍵

さて、これからの第四次産業革命とも言われるＡＩ時代の到来と、超高齢化社会が加速していく世界で幸福に人間らしく生きていく鍵は何なのでしょう？

それは、物理的にも情動的にも人間に最大限の影響を与える脳の力でしょう。脳はそれらの司令塔だと以前の章で説明しました。余裕を持って新しい時代を生きていける鍵は「地頭力」を鍛えることなのです。

言い換えると『自分の頭で考え続けられ、まったく新しく創造する思考』ができる脳です。「地頭がいい」と言われる人はコミュニケーション能力にも優れ、子どものように好奇心も旺盛です。

思考脳を高め、人生の余裕に通じる脳力を得る

今までの敷かれたレールに従って歩んでいけばよかった時代は終わりました。具体的に

は思考脳が高まると、生産性が飛躍的に上がり、意思決定のスピード化、理論的な分析が速く、正確になるなどのよいことがたくさんあるのです。

また、抽象的思考力も高まるので、『問題解決法がひらめく』『複数のことを同時に行える』『部分情報だけで多くの知識が得られる』『想像力が高まる』など、まだまだあります。「地頭力」を鍛えるとどんな世の中でも必要とされる人間になれます。

このことは人間の最大の喜びでもあると言われます。社会の中で生きてきたホモサピエンス『人類』は他人が喜んでいるのを感じると、脳が「幸せホルモン」を分泌します。オキシトシンは「幸せホルモン」の一種です。赤ちゃんと目を合わせるだけでオキシトシンはにじみ出てきます。愛犬をじっと見つめることも同じです。近年の研究でわかったのは見つめられる愛犬にも「幸せホルモン」が出ていることも確認されました。この「幸せホルモン」の分泌で自分が幸せだと感じるのです。

そして「地頭力」の優れた人が持っている好奇心旺盛なことは脳を若く保つ作用もしてくれます。生き生きとした元気な老人はお喋りであったり、新しいチャレンジを恐れません。地頭の優れた脳の力を持つことは、まさに人生を生きていく上での余裕に通じる能力を獲得していると言っても過言ではありません。

8　哺乳動物の中の人間が本当に幸せを実感する瞬間は

脳内には幾つかの「幸せホルモン」が分泌される

脳内には心や身体を正常に保つために１００種類以上の脳内ホルモンが分泌されています。その中に人間の心と感情に幸せをもたらす「幸せホルモン」が存在します。

まず、幸せホルモン、抱擁ホルモン、信頼ホルモン、癒しホルモン等々の異名を持つオキシトシンがあります。アメリカの有名科学雑誌『サイエンス』に掲載された麻布大学の「犬と飼い主が触れ合うことでお互いにオキシトシンが分泌される」という論文でオキシトシンは世界中で注目を集めました。

心と身体の安定に大きな効果をもたらすセロトニンも「幸せホルモン」の1つです。セロトニンが分泌されると、意欲や元気が増し、ストレスが増えると減少します。ネガティブな気分になったり、倦怠感、痛みに敏感になるのはセロトニン不足のせいです。

セロトニンは心と体に元気を与える強力な特効薬なのです。セロトニンは、姿勢筋、抗動筋にも影響し、顔を引き締め、背筋も伸び、外見を若々しく変えます。

やる気と達成感・高揚感にかかわるドーパミン

ドーパミンはやる気と直接関わる「幸せホルモン」です。ゴールやタスクを達成したときに出て、とてもよい気分になれる神経伝達物質です。報酬ホルモンとも呼ばれます。辛いマラソンを完走したときに何とも言えない高揚感に包まれるのもこのホルモンの影響です。

現代社会はドーパミンが不足している人たちが多いです。会社ではパソコン相手に机に座り続けて、通勤ではスマホ片手に過ごしているからです。食事時、就寝時までも繋がりを求めてスマホを見続けていても、これでは幸せホルモンを得ることができません。

これらの「幸せホルモン」は家族の団らん、スキンシップ、おしゃべりなど人々と関わってこそ分泌します。AI時代と呼ばれる現代社会は明らかに人、動物、自然などと関わる機会が極端に不足しています。ぎすぎすした社会は明らかに「幸せホルモン」不足の現状でもあるのです。

人間が幸せに生きるためにも脳の機能や役割を知り、その方法を実践していくことがとても大切なのです。脳が「幸せホルモン」をたくさん分泌できる行動を取ることが幸せを実感する方法なのです。

9　地頭力を意識した子育ては、創造力豊かに生きる財産を与えた！

『天才はつくれるのか?』からはじまった子育て

「天才はつくることができるのか?」という私の疑問からはじまった子育ては、胎教から始まりました。独学や研究で、納得できるすべての刺激と環境を娘に実験をしました。

この「実験」という言葉を使うと、後日娘は嫌がりましたが、同時期に他の子どもたちにも実践してもらいながら、私の仮説が立証されるであろう確信はありました。

普通の子育てより早く多量にインプットをやったので、沢山のユニークでびっくりするエピソードが多々あります。最後にその中のいくつかをご紹介しましょう。

2歳でモデル事務所にスカウトされる

毎日多量の読み聞かせをした功績は、発語の早さや語彙の豊富さや感性の豊かさにつながりました。

ある日ショッピングモールで服を選んでいたら、娘が突然いなくなりました。どこに行ったのかと探していると、知らない同い年くらいの子と手をつないで現れたのです。どうも友達になった上に、私に紹介するために話をつけて連れてきたのでした。

しっかりと娘は私に「マミー、私のお友達よ」と紹介し、その子の母親まで連れてきました。その娘の『友だちづくり作戦』の一部始終を近くで見ていた子ども専任のモデル事務所の社長が私に名刺を差し出し、「こんな明るい子をずっと捜していたのよ！」とモールでスカウトされ、その後モデルのお仕事をしました。

学力やスポーツ、芸術など総合的な力をつけてくれる難関私立に受験合格

地頭力を意識した子育ては3学年以上の先取り学習ができていたので、娘の興味対象がかなり早い時期にはっきりとしていました。そのため受験の準備を別にやったのではなく、本人が入りたいと思う学校に合格しました。

彼女を見ていて思うことは、集中力があり、好奇心旺盛、とくに創造力の豊かさは抜群でした。まだインターネットが普及しだした頃から世界に小説を発表したり、ミニムービーをお友達と作成したりしていました。胎教からバイリンガルを意識したので、日本語と英語の「言語の木」の太さはほぼ同じ太さでした。中学から毎日中国語を学んだので、ト

リリンガルとも言えます。

高校ではティーンエージャーの差別問題を扱う組織のプレジデントを務め、ディベートクラブでは賞をいただき、芸術分野では演劇と声楽を楽しんで活動していました。実を言うと楽しいことばかりでもなく、入学当初はひどい差別やいじめにあう経験もしましたが、持ち前の明るさで乗り越えることができました。

21歳で大学を卒業し、現在は海外で働いています。彼女は自分の一番やりたい分野の仕事を最高の職場でキャリアをステップアップしながら自立して働いています。就職して4年目で親の収入を抜いてしまいました。このとき『一流の大学へ入る』よりも『自分でしっかり稼ぎできるだけ早く自立する』を目標に子育てしていましたので、思わずガッツポーズをしました。

一人っ子で、日系アメリカ人で生まれた我が子は親戚など1人もいない世界で生き抜かなければいけません。想定外の時代の変化や環境でも自分らしく生きていける「地頭力」を娘は鍛えることができたと思います。

AI時代が来ても人間にしかできない豊かな創造力を持った「地頭力」は次世代に伝える何よりの財産ではないでしょうか。

おわりに

これからは「個々の時代」

第四次産業革命と言われ、まさに世の中は大変革の真っ最中です。インターネットで世界中の隅々まで繋がることができるようになり、地球はどんどん狭くなっています。グローバル化とは無縁だと考えていた人たちまでも、好むと好まざるとに関わらず、グローバル化は私たちの生活に影響を及ぼします。

そんな中、教育界ではほとんど改革が行われていません。私がスーツケース1つ持って北米大陸へ飛び立った80年代前半から日本の教育は本質のところでは何ら変化していません。

与えられた問題や知識を暗記し、大学入試もほとんどがペーパー上の試験で判断されます。就職でも、世界では類を見ない新卒一括採用がいまだに行われています。国も何かをしなければと表面上いくつかの試みはなされましたが、「ゆとり世代」「コピペ族」など経営者たちに頭を抱えさせる新人類を続々誕生させています。

第三次産業革命のマスの時代はとうに終わりを告げ、これからは個々の時代なのです。

アメリカでは多様性を大変重要視します。大学では人種だけではなく、様々な背景の違う環境で育った生徒を全米あるいは世界中から集めます。多種多様な考え方を持った人たちが意見をぶつけ合うことでイノベーションが起こり、物事の理解を深めあうことができると信じるからです。

その考え方は幼児教育から大学まで一貫しています。幼児の頃から自分の言葉で考えを表現する機会を与えられます。スポーツや音楽、芸術、パーフォーミングアートなど、どの分野でも学校で活躍の場を与えられます。その子どもの個性を尊重し、得意な分野で輝く人たちに賞賛を送る社会なのです。

私は日本の教育に自分はフィットしないと考え、日本の大学生、社会人を経験した後、アメリカの大学生を経験しました。自らの子育てでもモンテッソーリ教育、公立、私立一貫校、ドーマン法、公文式、など様々な教育法も実践しました。教え子たちのその後の人生の生き方を見ていて、夢を叶えたり、やりたいことを仕事にして人生を楽しんでいる子どもたちの共通点は「地頭力が素晴らしい」の一言なのです。

まさに「天才はつくられる」のです。釣った魚を与え続けるのではなく、釣り方を教える環境と行動をとれば、どの子も大きく世界へ羽ばたいていけるのです。

脳のメカニズムを知り、「思考脳」の基礎である「地頭を鍛えること」は子育てだけでなく、大人にとっても有効です。人生150歳も、もうすぐそこまで来ています。

以前、脳はある年齢からは　成長しないと信じられていましたが、いくつになっても脳は進化し続けることが最近ではわかっています。

よく私は子どもたちに「脳に汗をかきなさい」という表現を使います。脳は使えば使うほど鍛えられるからです。身体の筋肉のようなものです。脳トレを「地頭力トレーニング」にフォーカスしてやっていただきたいのです。

最近では「想定外」のことがたくさん起こっています。普通に世界中を行き来できることが当たり前だったのが、突然流行り病で中断されました。当たり前にできていたことが当たり前でなくなりつつある時代に突入しました。渡米当時も日本では常識だったことが、日本を一歩外にでると非常識ということもたくさん体感しました。

どんな時代でも、どんな変化にでも素早く対応でき、処理できる力や人生の目的や喜びを自ら見つけ達成できる力を持つ人々が1人でも多く増えることに、本書が少しでもお役に立つことを願っています。

スカーレット

主な参考文献

『ＡＩ時代の「天才」の育て方』（市村よしなり著　きずな出版）
『人工知能を超える人間の強みとは』（奈良潤著　技術評論社）
『アタマがみるみるシャープになる！　脳の強化書』（加藤俊徳著　あさ出版）
『モンテッソーリの幼児教育　ママ、ひとりでするのを手伝ってね！』（相良敦子著　講談社）
『天才マイケル　育児の秘密』（ケビン・ジェームズ・カーニー＆キャシディー・ユミコ・カーニー著　読売新聞社）
『思考停止という病』（苫米地英人著　角川書店）
『産業教育システム機器システム便覧』（教育機器編集委員会編　日科技連出版社）
『話を聞かない男、地図が読めない女〜男脳・女脳が『謎』を解く』（アラン・ピーズ　バーバラ・ピーズ著　主婦の友社）
『人類の文化的躍進のきっかけは7万年前に起きた「脳の突然変異」だった』（秋山さなえ著　ワイアード）
https://wired.jp/2019/09/01/recursive-language-and-imagination/

著者略歴

スカーレット（すかーれっと）

長崎外語短期大学卒業後、単身渡米。ジョージア州立大学ビジネス科で学び、領事館、大手商社、銀行、保険会社で働きながら日本語補習校教師も務める。その後まだアメリカ南部で馴染みのなかった脳力開発に特徴のあるアフタースクール経営、延べ1万人以上三十数年指導経験を持つ。

『天才は環境で育てられる』と信じ、発達心理学、脳機能科学を研究・実施し多数の優秀児を育成。激動の社会で幸せに生き抜くためにコーチングを企業や個人向けのあらゆる層にコーチとして実践中。

ビジネス&ライフコーチ、米国大学入試カウンセラー、日米教育カウンセラー、書道家、元ジョージアバレエ団員

スカーレット公式サイト：https//scarlett-channel.com

改訂版
想定外の世を最高に幸せに生き抜くカギは「地頭力」！
AIを超えるグローバル子育て術

2022年7月8日 初版発行
2023年10月27日 改訂版初版発行

著　者 スカーレット © Scarlet

発行人 森　忠順

発行所 株式会社 セルバ出版
〒113-0034
東京都文京区湯島1丁目12番6号 高関ビル5B
☎ 03（5812）1178　FAX 03（5812）1188
http://www.seluba.co.jp/

発　売 株式会社 三省堂書店／創英社
〒101-0051
東京都千代田区神田神保町1丁目1番地
☎ 03（3291）2295　FAX 03（3292）7687

印刷・製本 株式会社丸井工文社

Printed in JAPAN
ISBN978-4-86367-853-8